池上彰と考える

災害とメディア

4 復興のためのメディア情報

監修
池上彰

目 次

第3章 被災《ひさい》から復興《ふっこう》に向けてのメディア・情報《じょうほう》の役割《やくわり》

はじめに

メディアを上手に使いこなそう

ジャーナリスト
池上　彰

過去の教訓が生かされなかったことも

2011年の東日本大震災《ひがしにほんだいしんさい》で大きな津波《つなみ》の被害《ひがい》が出た後、住宅地《じゅうたくち》より高台の場所に「これより下に家を建てるな」という趣旨《しゅし》が書かれた石碑《せきひ》が見つかったりしました。石碑はすっかり苔《こけ》むして、読めなくなっていたのです。

きっと津波で大きな被害を受けた昔の人たちが、後世の人々に危険《きけん》を知らせようとしたのでしょう。残念ながら、その思いは伝わりませんでした。

その後、わたしは東海地方の豪雨《ごうう》による洪水《こうずい》の被害の場所を取材して回ったところ、やはり各地に「ここで洪水が起きて多くの被害が出た」という内容の石碑が建っていました。

大きな被害が出てから調べたら、危険を知らせるものが残されていた、ということはよくあるのです。

昔の人にとっては、こうした石碑がメディアでした。長く教訓を伝えるものは石碑しかなかったのです。あるいは文書に残されたものもありましたが、時代が経《た》つと古文書《こもんじょ》となってしまい、昔の文字や文章を読むことのできる人しか理解できない状態《じょうたい》になっていました。実に残念です。

最新のメディアを使って残そう

でも今は、さまざまなメディアが生まれました。後世の人たちに危険《きけん》を知らせることができるようになったのです。

そうなると、そこで何を伝えるのか、ということが問題になります。いま東日本大《ひがしにほんだい》震災《しんさい》で被害《ひがい》を受けた地域《ちいき》の人たちが、教訓を残すための工夫をしています。被害の実《じっ》態《たい》を知らせる展示館《てんじかん》を開設《かいせつ》する方法もあるでしょうし、後世の人にも理解《りかい》できるような記念碑《きねんひ》を建てる試みも行われています。

その中でも、一番効果的《こうかてき》なのは、被害にあって、家族を亡《な》くしたり、危《あや》うく助かったりした人の証言《しょうげん》を聞いたり、残したりしておくことだと思います。残念ですが、証言できる人は、時代が経《た》つにつれて、次第に少なくなっていきます。それまでに、何ができるのか、考えてみてください。地域によっては、若《わか》い人たちが経験者《けいけんしゃ》から話を聞くという取り組みも行われています。家族を失った人は、寂《さみ》しい思いをしていることでしょう。若い人が訪《たず》ねていき、経験を聞くことで、その人たちを励《はげ》ますことにもなるのです。

「既読《きどく》」は東日本大震災《ひがしにほんだいしんさい》で生まれた

大きな災害《さいがい》が起きるたびに、少しずつ対《たい》策《さく》が進んでいます。大雨が降《ふ》って危険《きけん》な状《じょう》態《たい》になると、市区町村から「避難指示《ひなんしじ》」が出ますが、それが深夜になると、住民の多くは寝《ね》ていて気がつかなかったり、避難しようとしたら家の周りは浸水《しんすい》していたり、という事態《じたい》が過去《かこ》に何度も起きています。そこで、みんなが起きていて、避難の準備《じゅんび》ができる夕方までに雨の予測《よそく》ができるようにしようという研究も進んでいます。

いずれ「今夜遅《おそ》くに、この地域《ちいき》では大雨のために洪水《こうずい》になる恐《おそ》れがあります。その前に、いまのうちに避難しておきましょう」という情報《じょうほう》が出るようになるでしょう。すでに、その試みも始まっています。

またライン（LINE）の「既読《きどく》」は、東《ひがし》日本大震災《にほんだいしんさい》で知人の安否《あんぴ》がわからなかったという声を聞いたスタッフが、相手がメールを見たことがわかるようにと考えて生み出しました。「既読スルー」なんて言葉もありますが、災害時に安否を問い合わせ、「既読」という印がついたら、「ああ、良かった。無事だった」と安心しましょう。すぐに返事がこなくてもいいのです。落ち着いてから、ゆっくり話をしましょう。

このように大きな災害のたびにメディアも発達していきます。メディアをうまく使って、対策《たいさく》を考えていきましょう。メディアは使い方で救命具《きゅうめいぐ》にも凶器《きょうき》にもなるのです。

巻頭《かんとう》コラム

“災《さい》害《がい》の記《き》憶《おく》を伝える”というメディアの重要な役《やく》割《わり》

過去《かこ》の災害《さいがい》の記憶《きおく》を風化させないことも、メディアの役割《やくわり》

2020 年時点で 25 年前の 1995 年 1 月 17 日に、阪神《はんしん》・淡路大震災《あわじだいしんさい》が発生しました。25 年という歳月《さいげつ》が経過《けいか》していますが、この日には、毎年追悼《ついとう》のための式典が行われます。

こうした式典が行われるのは、阪神・淡路大震災という大きな災害《さいがい》で命を落とした人々に祈《いの》りをささげる目的があることはもちろんです。

しかし同時に、現代《げんだい》に生きる人々が、かつての大震災を教訓として、防災《ぼうさい》・減災《げんさい》についての思いを強くすることも大きな目的なのです。

「喉元《のどもと》過《す》ぎれば、熱さ忘《わす》れる」ということわざがあるように、人間は過去のつらい経験も、長い時間が過ぎると忘れてしまうものです。25 年という歳月が経過した阪神・淡路大震災では、震災そのものをまったく知らないという若《わか》い人たちも増《ふ》えています。

だからこそ、過去の震災の記憶《きおく》を後々まで伝えるとともに、万が一、自分たちが災害に直面しても、被害《ひがい》をできるだけ少なくできるように教訓を学び取ることが大切です。

メディアは、災害が発生している時はもちろん、平時においても、こうした情報《じょうほう》を積極的に取り上げ、発信することで、人々の防災・減災に役立っているのです。

「1．17のつどい－阪神《はんしん》・淡路大震災《あわじだいしんさい》25年追悼《ついとう》式典」で、秋篠宮《あきしののみや》さまがおことばを述《の》べられた。

神戸《こうべ》市で毎年開かれる「1．17のつどい」では、2020年も、竹灯籠《たけどうろう》のろうそくに火をともし、地震《じしん》が発生した午前5時46分に黙《もく》とうをささげた。

地域《ちいき》に密着《みっちゃく》したメディアが、被災地《ひさいち》の復興《ふっこう》を支《ささ》える

東日本大震災《ひがしにほんだいしんさい》が発生した2011年は、日本中のメディア、さらには世界中のメディアが、この巨大《きょだい》な災害《さいがい》について取り上げました。

しかし、時間の経過《けいか》とともに、いわゆる全国規模《きぼ》のメディアに取り上げられる分量や回数は、どんどん減《へ》っていきます。

けれども、全国規模のメディアで取り上げられることが減ってきたからといって、被災《ひさい》地《ち》の人々の苦労がなくなったわけではありません。

震災前の日常《にちじょう》を取《と》り戻《もど》すまでには、さらに長い年月が必要となります。そうした長い時間を必要とする復興期《ふっこうき》に、役立つ情報《じょうほう》を発信し続けることについては、地域《ちいき》に密着《みっちゃく》したメディアが果たす役割《やくわり》が大きくなります。

新聞であれば、地方紙と呼《よ》ばれる地域に密着した新聞。ラジオやテレビであれば、地元の放送局などが重要な役割を果たすようになるのです。

また、リアルタイムで、地域のピンポイントの情報を得《え》られるインターネットのサイトやSNS《エスエヌエス》（ソーシャル・ネットワーキング・サービス）では、自治体や政府《せいふ》などが復興の取り組みや現在《げんざい》の状況《じょうきょう》などの情報を発信しています。それらも復興に関する情報を得ることができるメディアです。

2011年3月の東日本大震災《ひがしにほんだいしんさい》で、津波《つなみ》により、多くの被害《ひがい》を受けた岩手県大船渡《おおふなと》市。長い年月をかけて、復興《ふっこう》しつつある。

■ 東日本大震災《ひがしにほんだいしんさい》の記録と、地元の津波《つなみ》の災害《さいがい》の歴史《れきし》を展示《てんじ》する美術館《びじゅつかん》

宮城県気仙沼《けせんぬま》市に、『リアス·アーク美術館《びじゅつかん》』という美術館があります。1994 年に開館したこの美術館は、主に東北地方・北海道などの現代《げんだい》美術を紹介《しょうかい》する美術館ですが、同時に、地域《ちいき》の歴史《れきし》資料《しりょう》などを紹介する博物館も兼《か》ねています。

東日本大震災《ひがしにほんだいしんさい》が発生して 2 年ほどが経過《けいか》した 2013 年から「東日本大震災の記録と津《つ》波《なみ》の災害史《さいがいし》」という常設展示《じょうせつてんじ》を新設・公開しています。

東日本大震災に関する被災《ひさい》現場写真や、被災物などをたくさん展示するなど、貴重《きちょう》な記録を残しています。

こうした施設《しせつ》も、わたしたちが防災《ぼうさい》・減災《げんさい》を考える上で、大切な情報《じょうほう》を提供《ていきょう》してくれているメディアだということができるでしょう。

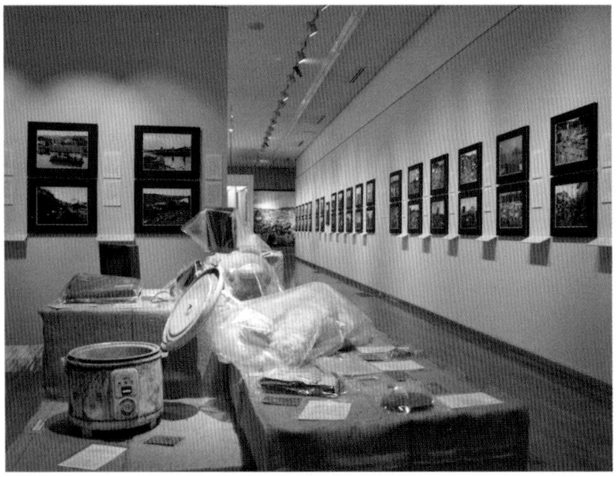

「被災現場《ひさいげんば》写真」には、撮影者《さつえいしゃ》がその時何を感じたのか、何を伝えるために撮影したのかを知るために、すべての写真にレポートを添《そ》えて展示《てんじ》されています。「被災物」には、通常《つうじょう》の博物館展示と異《こと》なる展示方法が用いられています。すなわち、展示被災物には、収集《しゅうしゅう》場所、収集日時を記すとともに、物語を書いた補助《ほじょ》資料《しりょう》が添えてあり、それらを使っていた震災《しんさい》以前の人々の暮《く》らし、日常などを想像《そうぞう》してもらえるようにしてあります。

(写真提供：リアス·アーク美術館)

■リアス·アーク美術館《びじゅつかん》

〒988-0171 宮城県気仙沼《けせんぬま》市赤岩牧沢《あかいわまきさわ》138-5

開館時間：9:30～17:00(最終入館 16:30)　休館日：月·火·祝日の翌日《よくじつ》(土日を除《のぞ》く)

※開館日時、休館日等は2021年1月時点の情報《じょうほう》です。展示《てんじ》の内容《ないよう》もふくめ、変更《へんこう》される場合もありますので、来館を希望される場合は、あらかじめ直接《ちょくせつ》お問い合わせください。

第 1 章

災《さい》害《がい》発生中・発生直後の情《じょう》報《ほう》収《しゅう》集《しゅう》のポイント

本書では、災害《さいがい》が発生する前に、より重要で役立つ項目《こうもく》には前を、
災害が起こっている最中に、より重要で役立つ項目には中を、
災害後に、より重要で役立つ項目には後を付けています。

1 災害時《さいがいじ》の安全確保《かくほ》と安否確認《あんぴかくにん》行動

中

まずは直面する危険《きけん》から身を守る

どのような災害《さいがい》なのかにもよりますが、災害の発生中や発生直後は、周囲《しゅうい》の状《じょう》況《きょう》をよく観察して、まずは身の安全を確保《かくほ》する行動をとることが大切です。

たとえば、台風のような災害の場合、台風の接近《せっきん》にともなって危険度《きけんど》が高まってくるものです。台風が遠い時点では、自宅《じたく》にいて、テレビやラジオから、あるいはパソコンやスマートフォンを使ってインターネットから災害に関する情報《じょうほう》を収集《しゅうしゅう》することができます。河川《かせん》の氾濫《はんらん》についても、大雨などが降《ふ》り始《はじ》めてから、河川の氾濫の危《き》険性《けんせい》が高まるまでには時間があるので、さまざまなメディアを使って自宅で情報を収集できるでしょう。

しかし、避難《ひなん》を必要とするレベルになった段階《だんかい》では、避難行動を最優先《さいゆうせん》にする必要があります。自宅などを離《はな》れて避難場所へ避難しなければならない状況で、自宅のテレビで情報収集していたために逃《に》げ遅《おく》れたなどということがあってはならないのです。

また、地震《じしん》のように突然《とつぜん》おそってくる災害の場合には、揺《ゆ》れがおさまるのを待って、まずは避難行動をとり、身の安全を確保することを優先します。

前 中 後

安全確保《かくほ》後に家族などの安否《あんぴ》を確認《かくにん》する

身の安全が確保《かくほ》されたら、各種の災害《さいがい》に関する情報《じょうほう》を集めるようにします。

災害時の避難《ひなん》行動は、どんな時間帯で、どこにいるのかによっても違《ちが》ったものになります。たとえば、平日の日中に災害が発生した場合は、家族がばらばらになっていることが多いでしょう。子どもたちは学校、大人は会社や自宅《じたく》、あるいは外出先で災害にあうかもしれません。

台風などの災害であれば、避難前に連絡《れんらく》を取り合って、お互《たが》いの避難場所を知らせ合うことができます。

しかし地震《じしん》や津波《つなみ》のような突然《とつぜん》の災害では、そうした連絡はできません。

ふだんから、万が一災害に直面したら、どこに避難するか、どうやって連絡を取り合うかなど、家族で話し合っておくことはとても大切です。しかし、不測《ふそく》の事態《じたい》により、予定通りに行動できない場合もあります。また、お互いがちゃんと避難できたか、けがなどをしていないかなどの安全を確認《かくにん》できるまでは不安なものです。

そこで、家族などの安否《あんぴ》確認に関する情報が必要になってきます。

もっとも確実な安否確認は、たとえばス

マートフォンなどを使って、直接《ちょくせつ》電話することであり、電話ができなくてもインターネットが使える状況《じょうきょう》であれば、SNS《エスエヌエス》などを活用することで、相手の状況を知ることが可能《かのう》となります。

中　後

スマートフォンやネットを過信《かしん》しない

阪神《はんしん》・淡路《あわじ》大震災《だいしんさい》や東日本大震災《ひがしにほんだいしんさい》の時にも、携帯《けいたい》電話やスマートフォンはとても重要な役割《やくわり》を果たしました。特に、東日本大震災の時は、スマートフォンの利用者が増《ふ》えている状況《じょうきょう》にあり、ツイッターなどのSNS《エスエヌエス》を通じた、役立つ情報《じょうほう》の発信・受信が行われていました。

しかし一方で、電話回線にしろ、インターネットなどのデータ通信にしろ、そのための通信基地局《きちきょく》などが災害《さいがい》で破壊《はかい》されてしまえば、使えません。また、通信基地局などが無事であっても、利用者が急増《きゅうぞう》すると、回線が混《こ》み合《あ》って、通話や通信ができなくなることもあります。

むやみに連絡《れんらく》を取ろうとして電話回線やデータ通信回線を使用し続けたり、確《たし》かな情報がない時点で避難所《ひなんじょ》を探《さが》し歩《ある》いたりするようなことはしてはいけません。

前　中　後

災害時《さいがいじ》に活用できる災害用伝言ダイヤル（171）

「災害用《さいがいよう》伝言ダイヤル（171）」とは、被《ひ》災地《さいち》への電話や通信がつながりにくい状況《じょうきょう》になった場合に提供《ていきょう》される“声の伝言板”です。

使い方は、電話から「171」をダイヤルし、音声による利用ガイダンスにしたがって、伝言の録音・再生《さいせい》を行います。

電話機が、ダイヤル式かプッシュ式かによっても使い方が異《こと》なりますし、実際《じっさい》に使ってみないとわからないこともありますので、毎月１日、15日や防災《ぼうさい》週間（8月

熊本地震《くまもとじしん》時の避難所《ひなんじょ》での携帯《けいたい》電話の利用状況《じょうきょう》など

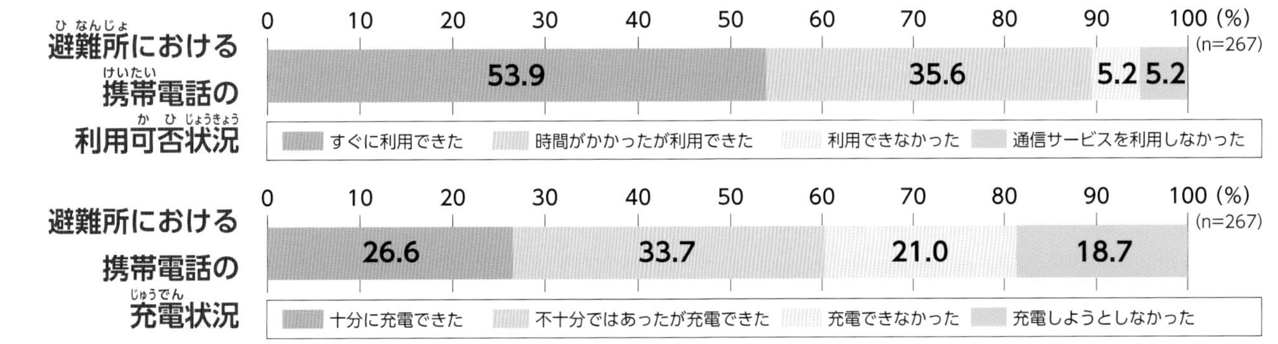

（出典：総務省「熊本地震におけるICT利活用状況に関する調査」<平成28年>）

熊本地震《くまもとじしん》の時、避難所《ひなんじょ》においては、時間がかかることはあっても、約90%の人々が携帯《けいたい》電話を利用できたと回答しているので、安否確認《あんぴかくにん》に利用することも可能な状態《じょうたい》ではあった。しかし、充電《じゅうでん》については、充電できた（十分にできた。不十分だができた）人は約60%にとどまった。避難時には充電機器などを用意しておくことが、安否確認などの通信にも必要な準備《じゅんび》となる。

30日～9月5日）などに「体験利用提供日」がありますので、使い方を確《たし》かめておくとよいでしょう。

また、インターネットを使用した「災害用伝言板（web《ウェブ》171）」もあります。

中 後

安否確認《あんぴかくにん》行動が急増《きゅうぞう》する危険性《きけんせい》とは？

大きな災害《さいがい》、しかもそれが地震《じしん》のように突然《とつぜん》発生したものである場合、災害発生直後には、だれもが家族などの安否確認《あんぴかくにん》を行います。そのため、災害発生直後は、もっとも確認しやすい電話での安否確認が急増《きゅうぞう》します。

ところが、前ページでも触《ふ》れた通り、被災地《ひさいち》では通信回線が災害で切れてしまったり、通信基地局《きちきょく》がこわれてしまったりして、電話が不通になることがあります。

また、通信回線や通信基地局に問題がなかったとしても、たくさんの電話利用が一度に発生すると、電話をつなぐための機械の処理能力《しょりのうりょく》が追いつかずに、電話が不通になることもあるのです。

阪神《はんしん》・淡路大震災《あわじだいしんさい》では、被災地域《ちいき》への電話が通常《つうじょう》の50倍にもなり、つながりにくくなってしまいました。

同じことは、東日本大震災《ひがしにほんだいしんさい》の時にも発生しています。その時は通常の60倍になったといわれています。

つまり、災害発生直後などには、被災地の内外から、大勢《おおぜい》の人々が安否確認行動をとることによって、逆《ぎゃく》に安否確認がしにくくなる事態《じたい》になってしまうということがあるのです。

■東日本大震災《ひがしにほんだいしんさい》は日本中で速報《そくほう》された

＜電車が止まった東京駅でニュースを見守る人々＞

東日本大震災《ひがしにほんだいしんさい》当日は、東京でも電車が止まるなどの影響《えいきょう》が出るとともに、被災《ひさい》地《ち》に向けて安否確認《あんぴかくにん》の連絡《れんらく》をとる人も多数出た。

中 後

被災地外《ひさいちがい》からの安否確認《あんぴかくにん》は、6～8時間はガマンする

災害時《さいがいじ》の安否確認《あんぴかくにん》は、大きく２つあります。被災《ひさい》している人たちが、被災地内にいて、家族などの安否を確認する場合と、家族や友人などが被災地にいるために被災地以外の場所から被災者の安否を確認する場合です。

被災地では、たとえば地震《じしん》発生直後などには、火災であったり、家の倒壊《とうかい》であったりと、さまざまな被害が発生しており、消《しょう》防《ぼう》・警察《けいさつ》などへの緊急《きんきゅう》電話が急増《きゅうぞう》します。そうした状況《じょうきょう》で、安否確認の電話、特に被災地以外の場所から被災地に向けての電話などが増《ふ》えると、消防・警察への緊急電話がつながりにくくなってしまうのです。そのため、電話会社では、被災地の外からかかってくる電話を制限《せいげん》することがあります。安否確認はとても大切なことですが、それによって、だれかが命の危険《きけん》に直面することがあってはいけません。

大きな災害が発生すれば、大切な家族や友人の安否が心配になるのは当然ですが、発生直後はできるだけ、被災地外からの電話は控《ひか》えるようにするべきなのです。

とはいえ、被災地にいる家族や友人などの安否や、被災時に一緒《いっしょ》にいなかった家族などの安否は気になるものです。

そのため、被災した側から11ページで述《の》べた「災害用伝言ダイヤル（171）」などを活用して、自分の安全を伝えることが大切です。そして、それ以降《いこう》は電話の使用やインターネットによるSNS《エスエヌエス》の発信などは控えるようにしましょう。

これにより、全体の通信負荷《ふか》が減《へ》り、警察や救急《きゅうきゅう》、消防などへの緊急電話などが滞《とどこお》ることがなくなります。

電話・インターネットのデータ通信を控えるのは、災害発生後６～８時間といわれています。それくらいの時間を経《へ》てから、状況を確認した上で、電話やインターネットのデータ通信を行いましょう。

なお、被災地外からラインなどでメッセージを送っておいて、「既読《きどく》」がつけば、「見ている（生きている）」と判断《はんだん》することもできます。「既読がついたのに返事がない」と心配するのではなく、「ひとまず反応《はんのう》があった」ことに安心し、少し落ち着いてから改めて連絡《れんらく》をするとよいでしょう。

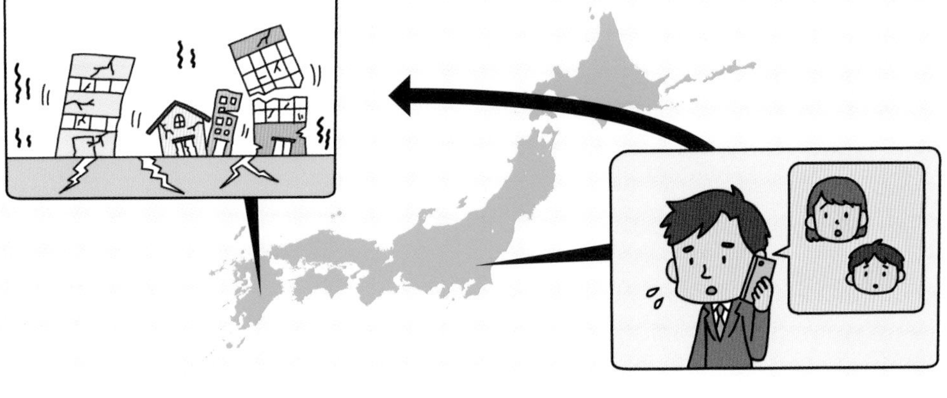

被災地《ひさいち》での大事な通信をじゃましないために、６～８時間は被災地外からの通信はガマンする。

2 避難所《ひなんじょ》での災害情報《さいがいじょうほう》の取り方

中 後

避難所《ひなんじょ》にはさまざまな災害情報《さいがいじょうほう》が集まる

避難所《ひなんじょ》に指定されている建物では、災害《さいがい》時《じ》の情報収集《じょうほうしゅうしゅう》に困《こま》らないように、テレビやラジオ、電話、パソコンといった通信設備《せつび》の設置が進められています。

避難所によっては、停電時《ていでんじ》でも電気を使えるように自家発電を備《そな》えているところもあり、通信設備を使ってさまざまなメディアから情報を集めることができます。

しかし、そうした備えがある避難所はとても少ないため、自分たちでも災害情報を得《え》られるような備えをしておくことが必要です。

また、避難所には災害情報を印刷して貼《は》っておくための掲示板《けいじばん》が設《もう》けられます。掲示板では、災害の最新情報をはじめ、風呂《ふろ》の情報や給水車の情報といった生活情報、避難所に関わる情報など、テレビやラジオからは得られないような細やかな情報を得ることができます。こうした避難所の掲示板も、ひとつのメディアになることを覚えておきましょう。

さらに、避難所は災害に対応《たいおう》するための重要な拠点《きょてん》となるため、自治体、警察《けいさつ》、消防《しょうぼう》、医療《いりょう》、ボランティアなどさまざまな人たちが集まってきます。そのため、そうした人からも情報を得られることがあります。こうした口コミも、災害時の大切なメディアです。

貼《は》り紙《がみ》の「尋《たず》ね人《びと》」（安否確認《あんぴかくにん》）も大事なメディア

避難所《ひなんじょ》の入り口には、家族などの安《あん》否《ぴ》を確認《かくにん》するための掲示物《けいじぶつ》が貼《は》り出《だ》される（東日本大《ひがしにほんだい》震災《しんさい》時の気仙沼市の避難所）。

後

東日本大震災《ひがしにほんだいしんさい》の7日後から地域《ちいき》を支《ささ》えた広報誌《こうほうし》

2011年3月11日、東日本大震災《ひがしにほんだいしんさい》で起こった津波《つなみ》は東北地方沿岸《えんがん》の広い地域《ちいき》をおそい、これまでにないような被害《ひがい》をもたらしました。岩手県の陸前高田《りくぜんたかた》市も津波で大きな被害を受けた場所のひとつで、停電《ていでん》などによって災害情報《さいがいじょうほう》の収集《しゅうしゅう》が難《むずか》しい状態《じょうたい》にありました。

しかし停電が回復《かいふく》した3月18日、同市の職員《しょくいん》のひとりが、避難所となっていた中学校の印刷機を使って「広報《こうほう》りくぜんたかた臨時号《りんじごう》」を2,500部発行しました。

この広報誌《こうほうし》には、電気やガスの復旧《ふっきゅう》の状《じょう》況《きょう》、支援物資《しえんぶっし》の情報、安否《あんぴ》の確認《かくにん》方法など、災害にあった地域の人が今まさに知りたい情報が掲載《けいさい》されていました。災害情報が得《え》られない混乱《こんらん》と不安の中にいた避難所の人たちにとって、どれほど貴重《きちょう》な情報源《じょうほうげん》になったことでしょう。

「広報りくぜんたかた臨時号」は5月7日まで毎日発行され、自衛隊《じえいたい》が運ぶ物資と合わせてさまざまな避難所に配布《はいふ》されました。その後も一定の間隔《かんかく》で10月26日まで発行は続き、約7か月間で107回発行されました。

広報《こうほう》りくぜんたかた臨時号《りんじごう》

広報りくぜんたかた

<臨時号①>

【発行】
陸前高田市
企画部協働推進室
平成23年3月18日

M9.0の大地震発生、10mの大津波が来襲し市内で壊滅的な被害

３月１１日午後２時４６分、宮城県沖を震源とするマグニチュード９．０の巨大地震が発生し、１０mもの津波が本市を襲いました。３月１７日現在で死者４２０名、行方不明者１，８０７名、住宅倒壊・流失約３，６００戸など、過去に例をみない大災害となりました。

市庁舎が津波の被害を受けたため、行政の機能がストップ。市は、高田町鳴石の学校給食センターに災害対策本部（戸羽太本部長）を設置し、災害復旧や救援物資の運搬、道路網の復旧などにあたっています。

～市長からのメッセージ～
このたびは、過去に例をみない地震、津波災害に見舞われ、多数の死傷者が出ました。ご遺族の方々に心からお悔やみ申し上げます。また、被災された皆様におかれましては、このような時こそ決して気を落とすことなく、市民が一致結束して、復興に向け前進されますよう心からお願い申し上げます。

●本日午後2時45分から46分までの1分間、津波犠牲者に黙とうをささげます。
消防、自衛隊の車両からサイレンを流しますので、皆さんもご一緒に黙とうをお願いします。

【市内の避難所】
矢作町　下矢作コミセン、矢作コミセン、６区公民館、７区公民館
横田町　横田コミセン
竹駒町　高田自動車学校、仲の沢公民館、シェリール三共、下沢公民館、アマタケ、上細根公民館、荘厳寺、滝の里中野宅、西部センター、矢崎会館、中野塗装
気仙町　長部小学校、長部コミセン、長部保育所、双六公民館、要谷公民館、福伏荒木宅、ホテル三陽、ヤマザキショップ、月山神社、長円寺、二日市公民館、古谷公民館
高田町　第一中学校、鳴石ケ丘公民館、高寿園、希望ケ丘病院、あすなろホーム、サンビレッジ、和野会館、小泉公民館、陸前高田斎苑、高田高校、ひかみの園
米崎町　米崎コミセン、上浜田公民館、米崎小学校、佐野公民館、地竹沢公民館、糠塚沢公民館、雷神公民館、和方公民館、和野公民館、松峰公民館、樋の口直売所、普門寺、松原苑
小友町　モビリア、柳沢公民館、上の坊公民館、松山会館、矢の浦公民館、正徳寺、華蔵寺、伝承館、新田　及川宅
広田町　大陽公民館、慈恩寺、田端公民館、広田小学校、天ケ森公民館、小袖公民館、平畑公民館、六ケ浦公民館、長洞公民館

【裏面もご覧ください】

Q＆A　よくあるご質問

Q１．一般車両のガソリン・燃料の調達は？
A１．ただいま、燃料が不足しております。本部にある燃料は、緊急車両（救急車、自衛隊車、重機など）に優先的に給油されます。車での外出は極力避けるようご協力をお願いします。

Q２．紙おむつやミルクなどの生活用品の調達は？
A２．本部裏の倉庫で生活用品を配布しています。必要な方はお申し出ください。

Q３．水道・電気・ガスの供給のメドは？
A３．水道は現在復旧に向け、状況を確認中です。電気は、農免道沿いで復旧しています。ガスは、気仙郡漁連内のＬＰガス災害対策本部（２７－１６３５）で、ガスでお困りの避難所、世帯を巡回しています。

Q４．携帯・固定電話通話エリアは？
A４．携帯電話は、auのエリアが拡大しています。また、第一中学校では、衛星携帯電話と公衆電話９台が使用できます。

Q５．薬はどうなっているのか？
A５．病院で処方された薬を必要としている人は、第一中学校か米崎コミセンに医師がおりますので、受診してください。災害時につき薬が足りず、２～３日分しか処方できません（皆さんに広く薬を届けるためです。ご理解をお願いします）。

Q６．透析の患者の移動はどうすればいいのか？
A６．「透析患者用給油依頼書」を発行しています。本部にお問い合わせください。

Q７．遺体の安置所は？
A７．下矢作小学校体育館と米崎中学校体育館、矢作小学校体育館で安置しています。死亡者を確認したい場合は、体育館に直接出向いて、受付で特徴などを記入してください（遺体がどこの体育館に安置されているかは、市で確認できかねますのでご了承ください）。

Q８．死亡届はどうすればよいか？
A８．現在、本部２階で死亡届の受付をしています。早急に火葬を済ませたい人は、ご相談ください。

＜ＪＡ貯金の便宜払い対応について＞
◎ＪＡ旧横田支店では、本人確認ができるもの（あれば通帳、印鑑）を持参すれば、１人１０万円程度便宜払いをします。営業時間：午前９時～午後３時

＜ボランティアを募集しています＞
市では、各避難所への物資運搬をする人など、ボランティアを募集しています。本部２階で受付をしておりますので、ご協力をお願いいたします。

※今後、広報を継続して発行します。避難所に配布しますが、近隣の住民にもお渡しください。

【裏面もご覧ください】

東日本大震災《ひがしにほんだいしんさい》の発生から、わずか7日後に発行された「広報《こうほう》りくぜんたかた臨時号《りんじごう》」の誌面《しめん》。「臨時号①」では、市長メッセージや、避難所《ひなんじょ》がどこにあるのかなどの情報《じょうほう》が発信された。（掲載協力：陸前高田市）

避《ひ》難《なん》所《じょ》避難の注意点と、メリット・デメリット

避難所《ひなんじょ》生活の基本《きほん》と注意点

避難所《ひなんじょ》では、災害《さいがい》で被害《ひがい》を受けたたくさんの人びとが、ある期間を一緒《いっしょ》に生活することになります。そのため、災害への不安や慣《な》れない生活などによって、普段《ふだん》であれば気にならないようなこともストレスに感じます。

しかし、避難所は地域《ちいき》の自治体、避難所の管理者、避難者が協力して開設《かいせつ》し、運営《うんえい》していくものです。自分だけが災害で困《こま》っているのではなく、避難所にいる全員が困っていることを忘《わす》れてはいけません。避難所を少しでも過《す》ごしやすい場所にするためには、ひとりひとりが意識《いしき》して、互《たが》いに助け合うことが大切です。

■避難所《ひなんじょ》生活の注意点

●ルールとマナーを守る

消灯時間やトイレの使い方など、決められたルールを守りましょう。
また、他の人の迷惑《めいわく》になることや、だれかにされて嫌《いや》なことはやめましょう。

●運営《うんえい》に参加する

避難所《ひなんじょ》では積極的に運営《うんえい》に参加しましょう。

●みんなできれいに

避難所《ひなんじょ》はきれいな状態《じょうたい》を保《たも》ちましょう。

●ごみの処理《しょり》

ごみをきちんと分別して処理《しょり》しましょう。

●安全に気をつける

避難所《ひなんじょ》では顔見知りではない人と生活空間を同じにするので、自分の身の安全に気をつけましょう。

避難所《ひなんじょ》避難のメリット

すでに触《ふ》れた通り、避難所《ひなんじょ》は、自治体などが運営《うんえい》しているので、災害《さいがい》に関する情報《じょうほう》などが得《え》やすいということは大きなメリットですが、それ以外にもさまざまなメリットがあります。

●安全に過《す》ごせる

避難所《ひなんじょ》や避難場所に指定されている建物は、頑丈《がんじょう》な造《つく》りの建物が多く、安全に過《す》ごせます。

●人がいるので安心できる

周りに人がいることで、互《たが》いに励《はげ》まし合《あ》えたり相談できたりするため、安心感につながります。

●備蓄《びちく》がある

最低限《さいていげん》ではあるものの、避難所《ひなんじょ》には飲み水や食べ物などが備《そな》えられています。また、後々には食べ物や生活必需品《ひつじゅひん》といった支援物資《しえんぶっし》が届《とど》けられるメリットもあります。

●医療《いりょう》

避難所《ひなんじょ》には医療《いりょう》機関の人もやってくるため、体調不良の相談やけがなどの治療《ちりょう》を受けやすいというメリットもあります。

避難所《ひなんじょ》のデメリット

避難所《ひなんじょ》は、多くの被災者《ひさいしゃ》が共同で生活するための場所です。多くの場合、体育館などの大きな空間を区切って生活するため、少々不自由な部分もあります。

具体的にどのようなデメリットがあるのか、確認《かくにん》しておきましょう。

●ひとりひとりのスペースがない

避難所《ひなんじょ》のスペースはかぎられているので、どうしても他の人との距離《きょり》が近くなります。

●音・光

普段《ふだん》であれば気にならない他人の話し声や小さな物音、いびきや、懐中《かいちゅう》電灯の小さな光も、慣《な》れない避難《ひなん》生活ではストレスや不眠《ふみん》につながることがあります。

●トイレの問題

衛生面《えいせいめん》や設置《せっち》場所の悪さなど、避難所《ひなんじょ》のトイレについては多くの問題が指摘《してき》されています。そのため、水分をあまりとらないようにする人もいますが、水分をとらなければ脱《だっ》水症《すいしょう》や熱中症の危険《きけん》が高くなるので、水分はしっかりとる必要があります。

●食中毒《しょくちゅうどく》・感染症《かんせんしょう》の危険《きけん》

不特定多数の人がかぎられた空間で生活しているため、食中毒《しょくちゅうどく》や新型コロナのような感染症《かんせんしょう》のリスクがあります。実際《じっさい》に地震《じしん》や台風時の避難所《ひなんじょ》ではノロウイルスによる食中毒やインフルエンザの集団《しゅうだん》感染も確認《かくにん》されています。避難所では手洗《てあら》いなどをしっかりと行い“自分がかからない”ことと咳《せき》エチケットなどで“他人にうつさない”ことが大切です。

●避難者《ひなんしゃ》同士のトラブルや犯罪《はんざい》

避難所《ひなんじょ》でのストレスが原因《げんいん》になり、避難者同士で言い争いなどのトラブルが発生したり、盗難《とうなん》の被害《ひがい》も確認《かくにん》されたりしていますので注意が必要です。

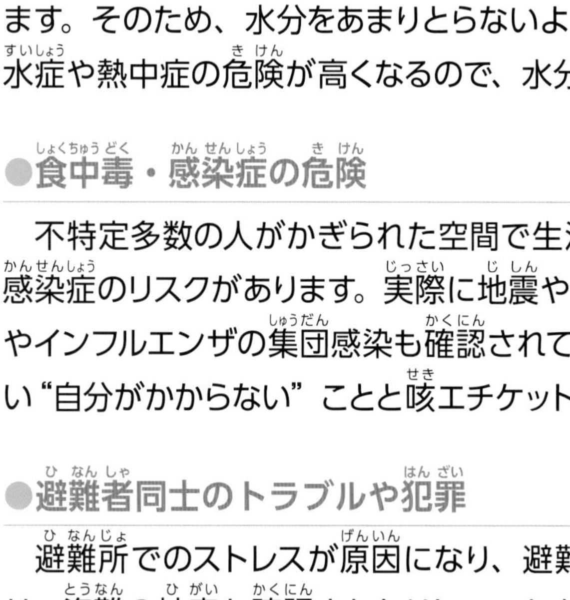

以前は、密《みつ》な避難所《ひなんじょ》だった。

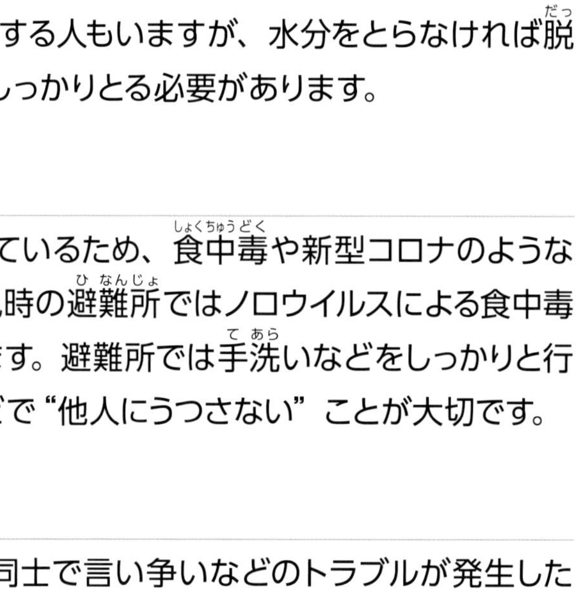

近年は感染症対策《かんせんしょうたいさく》をとっている。

3 避《ひ》難《なん》所《じょ》以外での災《さい》害《がい》情《じょう》報《ほう》の取り方

後

避難所《ひなんじょ》以外の避難には、「在宅《ざいたく》」、「車中泊《しゃちゅうはく》」などがある

避難所《ひなんじょ》避難には、数々のメリットがある半面、ある程度《ていど》はデメリットもあることはすでに説明した通りです。

そこで自宅《じたく》が倒壊《とうかい》してしまったなど、やむを得《え》ない場合には避難所に避難せざるを得ませんが、被害《ひがい》が軽いような場合や、どうしても避難所の生活に耐《た》えられないような場合には、避難所以外で避難生活を送ることも考えなければいけません。

その場合、自宅の被害が軽く、電気やガスが止まっていたとしても、防災《ぼうさい》グッズを使えば十分に生活できるなら、在宅《ざいたく》避難という方法があります。

また、在宅避難はできないが、自家用車があるので、そこで寝泊《ねと》まりすることが可《か》能《のう》ならば、車中泊《しゃちゅうはく》という避難方法をとることもできます。

後

「在宅《ざいたく》」、「車中泊《しゃちゅうはく》」避難《ひなん》での情報《じょうほう》の取り方

在宅避難《ざいたくひなん》の場合、もし停電《ていでん》が続いているようなら、コード付きのテレビやラジオは使えません。ですから、ポータブルのテレビやラジオ、あるいはスマートフォン、パソコンなどを使って情報収集《じょうほうしゅうしゅう》することになります。

こうした機器があれば、テレビやラジオを使ってニュース番組から情報を得《え》たり、スマートフォンやパソコンを使ってインターネットから情報を得ることが可能《かのう》となりますので、情報の不足による不安は解《かい》消《しょう》できることでしょう。

車中泊《しゃちゅうはく》避難の場合でも、状況《じょうきょう》は同じです。充電式《じゅうでんしき》の電気機器であれば、テレビであれ、ラジオであれ、スマートフォンであれ、充電が切れるまでは情報収集に使えます。

逆《ぎゃく》のいい方をすれば、充電が切れてしまうと情報収集できなくなるので、この点には注意が必要です。

後

「在宅《ざいたく》」、「車中泊《しゃちゅうはく》」避難《ひなん》では、身近な情報《じょうほう》ほど遠くなる

ラジオやスマートフォンなどが使えるかぎり、災害《さいがい》に関するマスメディア情報《じょうほう》や、インターネット上のさまざまな情報は収集《しゅうしゅう》できますが、避難《ひなん》場所周辺のごく狭《せま》い範囲《はんい》の情報については、マスメディア情報では入手できないことがあります。

たとえば、給水車に関する情報や、食料などの配給に関する情報などです。

避難所避難の場合には、その避難所自体が、こうした給水・食料配給の実施《じっし》場所になっていることも多く、見逃《みのが》し・聞き逃しの心配はほぼありません。しかし、在宅《ざいたく》避難や車中泊《しゃちゅうはく》避難の場合には、こうした地域《ちいき》限定《げんてい》の情報を入手できず、配給の機会を逃してしまうということにもなりかねないので注意が必要です。

必要な、身近な情報ほど、意外に入手しづらいこともあるということです。

後

身近な情報《じょうほう》は、地域《ちいき》の人との交流から

このような身近な情報《じょうほう》を確実《かくじつ》に入手するためには、地域《ちいき》の人たちと頻繁《ひんぱん》に連絡《れんらく》を取《と》り合《あ》ったり、場合によっては近くの避難所《ひなんじょ》を頻繁に訪《おとず》れたりして、必要な情報を積極的に入手するようにしなければいけません。

車中泊《しゃちゅうはく》避難の場合なども、避難所の駐車《ちゅうしゃ》場《じょう》を使える場合は、避難所避難と変わらない情報を得《え》ることが可能《かのう》ですが、自宅《じたく》近くの駐車場に自家用車を止めて車中泊避難をしている場合は、可能なら避難所へ出向いて情報を得るようにします。

もし、避難所避難をしている友だちや親《しん》戚《せき》などがいるなら、ツイッターやラインなどのSNS《エスエヌエス》を活用して、新しい情報を知らせてもらうのも有効《ゆうこう》です。

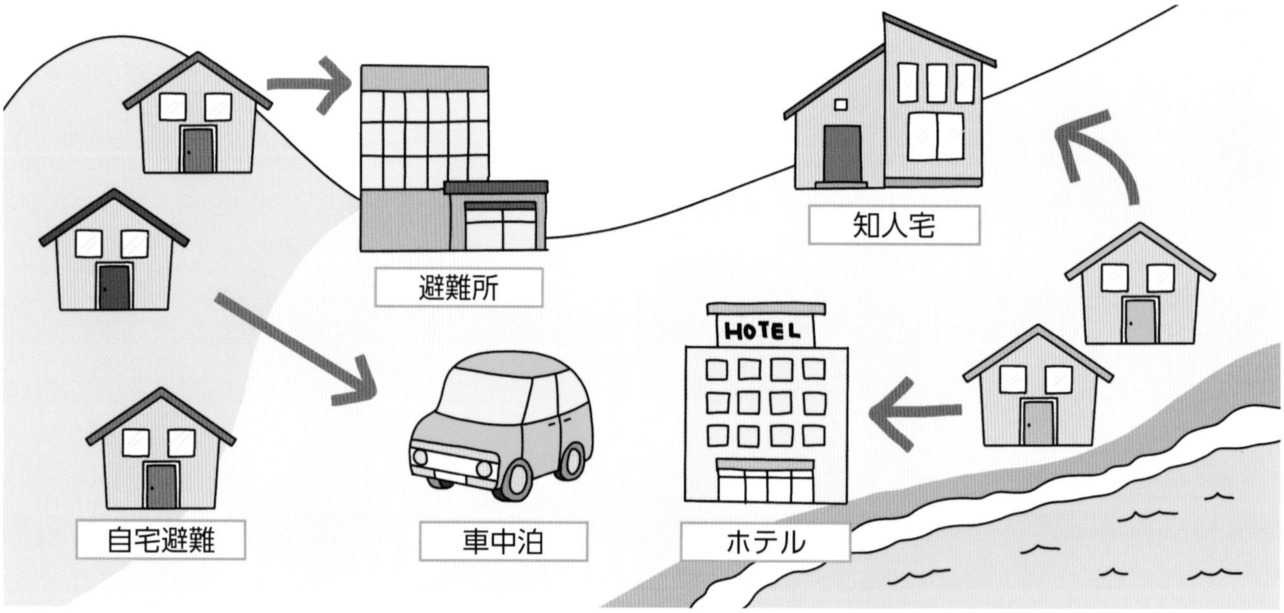

感染症《かんせんしょう》が広がることを防《ふせ》ぐためには、ひとつの避難所《ひなんじょ》に集中しない「分散避難」の考え方も大切。

在《ざい》宅《たく》避《ひ》難《なん》・車《しゃ》中《ちゅう》泊《はく》避難の注意点

在宅避難《ざいたくひなん》における注意点

最近の傾向《けいこう》として、災害時《さいがいじ》において「在宅避難《ざいたくひなん》」をすすめる自治体が増《ふ》えています。在宅避難とは、家族や自分にけががなく、家にも目立った傷《きず》がなく安全と考えられる場合に、自宅で避難生活を送ることをいいます。特に、2020年に流行した新型《しんがた》コロナウイルス感染症《かんせんしょう》をきっかけに、あらためて在宅避難が見直されたのです。

避難所ではどうしても人が密集《みっしゅう》してしまうことや、生活環境《かんきょう》が必ずしも快適《かいてき》ではないことから、体調をくずしやすく、感染症の危険《きけん》が高くなります。これに対し、在宅避難であれば、住《す》み慣《な》れた家で生活を続けることができるため、心と体の健康を保《たも》ちやすくなります。

しかし、在宅避難をするためには、しっかりした準備《じゅんび》も必要です。

災害によっては、電気、ガス、水道などが使えなくなることもあるため、最低でも1週間分の飲み水や食べ物を蓄《たくわ》えておくようにしましょう。さらに、カセットコンロや簡易《かんい》トイレを用意しておくと安心です。また、普段《ふだん》から近所の人や同じ建物に住む人たちとの交流を深めておくと、在宅避難の時でも助け合うことができます。

そして、家族のだれかがけがをしていたり、建物の安全に少しでも不安を感じたりしたら、迷《まよ》わず避難所に避難しましょう。

在宅避難《ざいたくひなん》をしていても、万が一の時には迷《まよ》わずに避難所《ひなんじょ》へ避難する。

車中泊避難《しゃちゅうはくひなん》における注意点

安全性《あんぜんせい》を確保《かくほ》できるのであれば、自家用車で一時的な避難《ひなん》生活を送る「車中泊避《しゃちゅうはくひ》難《なん》」も選択肢《せんたくし》のひとつです。

2016 年に起きた熊本地震《くまもとじしん》においては、実際《じっさい》にたくさんの人が車での避難生活を送りました。熊本地震は、震度 7 という強い揺《ゆ》れが立て続けに 2 回も起こったため、建物がこわれる不安が大きくなったことが、車中泊避難が増《ふ》えた理由だったようです。また、避難所での生活よりも、車での生活のほうが、周りの人に気を使う必要がない分、過《す》ごしやすいと感じる人が多かったようです。

しかし、狭《せま》い空間で生活しなければならないことや、トイレがない不便さのほか、注意しなければならないこともあります。たとえば、寝《ね》る時にエンジンをつけたままにしてしまうと、体に有毒《ゆうどく》な一酸化炭素《いっさんかたんそ》が車内に入ってきて、最悪の場合、命を落とす危険《きけん》があります。また暑い季節には、車内の温度はとても高くなりやすく、熱中症《ねっちゅうしょう》の心配があります。

さらにいえば、窮屈《きゅうくつ》な車内のシートで長時間同じ姿勢《しせい》のままでいると、血の流れが悪くなり痛《いた》みや腫《は》れが生じ、最悪の場合、死につながってしまう「エコノミークラス症候群《しょうこうぐん》」となってしまう危険性《きけんせい》もあるので、注意が必要です。

2016 年 4 月に発生した熊本地震《くまもとじしん》の時、大勢《おおぜい》の被災者《ひさいしゃ》が車中泊避難《しゃちゅうはくひなん》をしていた。

第 2 章

二次災《さい》害《がい》・複《ふく》合《ごう》災害に気をつけろ

1 二次災害《さいがい》の注意点

後 意外に被害《ひがい》が大きくなる二次災害《さいがい》

「二次災害《さいがい》」とは、最初に起こった災害をきっかけに発生する別の災害のことをいいます。たとえば、地震《じしん》が発生した後しばらく経《た》ってから起こる火災や、大雨が降《ふ》った後の土砂《どしゃ》くずれなどです。

また、最初の災害で被害《ひがい》を受けた人を救助《きゅうじょ》に来ていたレスキュー隊がけがをしたりすることも二次災害といえるでしょう。

二次災害が起こると、最初の災害よりも被害が大きくなりやすいため、注意が必要です。たとえば、1923年の関東大震災《かんとうだいしんさい》では火災、2011年の東日本大震災《ひがしにほんだいしんさい》では津波《つなみ》のように、地震による直接《ちょくせつ》の被害よりも二次災害の被害のほうが大きくなりました。

後 「地震《じしん》の10日後に火災《かさい》発生」って、どういうこと？

寒い季節に大きな地震《じしん》が起こると、石油ストーブなどの上に燃《も》えやすい物が落下して、火災《かさい》が起こることがあります。これは、地震が直接《ちょくせつ》引き起こした火災と考えられます。

しかし、1995年に発生した阪神《はんしん》・淡路《あわじ》大震災《だいしんさい》では、地震から10日も経《た》った後にも、数件《すうけん》の火災が起こったことがわかっています。こうした火災は「通電火災」と呼《よ》ばれています。

阪神・淡路大震災の時、兵庫県の神戸《こうべ》市内では157件《けん》の建物火災が確認《かくにん》されましたが、原因《げんいん》が特定できた55件のうち33件が通電火災でした。

阪神《はんしん》・淡路《あわじ》大震災《だいしんさい》時の神戸《こうべ》市内での火災発生件数《けんすう》

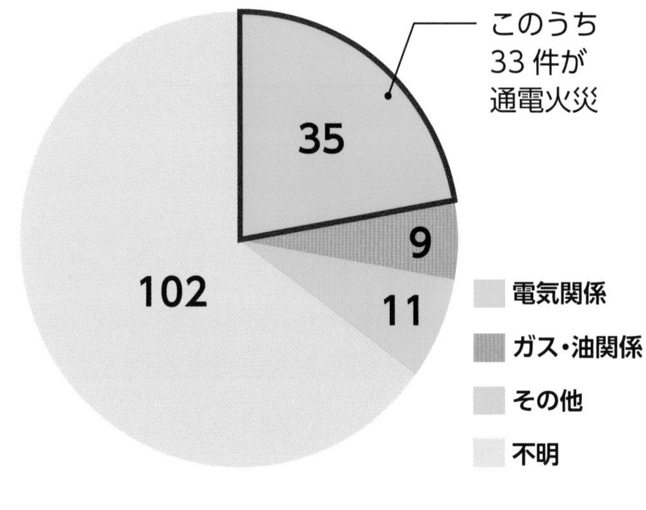

神戸《こうべ》市内で発生した火災《かさい》157件《けん》の中で、原因《げんいん》が特定できた55件のうち、35件が電気火災で、その中の33件が通電火災だった。

(出典：神戸市ホームページ)

後

通電火災《かさい》の原因《げんいん》は停電《ていでん》の復旧《ふっきゅう》だった

地震《じしん》の 10 日も後に、なぜ火災《かさい》が起こるのでしょうか。その理由は、地震で止まっていた電気が復旧《ふっきゅう》したことにあります。

たとえば、電気ストーブやオーブントースター等の電熱器具を使用中に地震が起こって停電《ていでん》した時に、それらのヒーター部分にカーテンや散乱《さんらん》した紙類などが接触《せっしょく》したままとなることがあります。それに気づかず避難《ひなん》した後に、電気が回復し、ヒーターが熱くなりカーテンや紙類から発火してしまうのです。

最近は、電気ストーブなどには転倒時《てんとうじ》オフになる安全装置《そうち》が設置《せっち》されていますが、地震の状況《じょうきょう》によっては、地震の落下物などによってその安全装置が破損《はそん》し、正常《せいじょう》に作動しないこともあり得《え》ます。

また、地震でコンセントや電気コード、壁内《かべない》の電気配線が破損してしまい、通電後にそこからショートして発火したり、浸水《しんすい》や雨漏《あまも》りで電化製品《せいひん》の基板《きばん》等が破損することにより、通電後に発火したりする場合もあります。

通電火災がおそろしいのは、地震からしばらく時間が経《た》って発生するところにあります。地震の直後に火が出れば、避難する前に火を消し止めることもできるかもしれません。しかし、避難した後のだれもいない建物で発生することが多いため、発見が遅《おく》れて大きな火事になってしまうのです。

後

大雨で有毒《ゆうどく》な化合物が流れるって、ホント？

1998 年 9 月、高知県高知市を中心に降《ふ》った大雨によって洪水《こうずい》が発生し、広い範《はん》囲《い》が水につかる災害《さいがい》が起こりました。

これによって被害《ひがい》を受けたメッキ工場から有毒《ゆうどく》な化合物が流れ、井戸水が飲めなくなるという二次災害が発生しています。

また、大雨によって山間部で土砂《どしゃ》くずれなどが発生して河川《かせん》の流れを止めてしまうと、そこに水がたまってダムのような「せき止め湖」ができます。そこに雨が降《ふ》り続《つづ》くと、やがてせき止め湖がくずれて洪水を起こし、大きな被害をもたらすこともあるのです。

■阪神《はんしん》・淡路大震災《あわじだいしんさい》で発生した通電火災

1995 年 1 月 17 日に発生した阪神《はんしん》・淡路大《あわじだい》震災《しんさい》時、神戸《こうべ》市長田《ながた》区では 3 日目(1 月 19 日)に通電火災が発生した。

2 二次災《さい》害《がい》から身を守るために

前 最初の災《さい》害《がい》が起こる前の準備《じゅんび》

二次災害《さいがい》の被害《ひがい》を小さくするためには、住んでいる地域《ちいき》にどのような二次災害の危険《きけん》があるかを知っておくことが、大切です。

たとえば地震《じしん》が起こった時、木造《もくぞう》の住宅《じゅうたく》が集まっている地域で通電火災が発生すれば、あっという間に燃《も》え広《ひろ》がる危険があります。また、山の近くに住んでいれば土砂《どしゃ》くずれが起こるかもしれません。

万が一の災害の際《さい》に、どこでどのような二次災害が発生する危険性《きけんせい》があるのかについての情報《じょうほう》は、「ハザードマップ」をはじめとして、自治体などの発表する情報によって、知ることが可能《かのう》なものもあります。

ハザードマップとは、自然災害による被害を小さくすることを目的に、危険が予測《よそく》される地域や避難《ひなん》場所などの防災《ぼうさい》情報が書きこまれた地図のことで、地震や大雨など、災害の種類に合わせたものがあります。主に、市区町村などの自治体が作成・発行しています。

また東京都では、「地震に関する地域危険度測定調査《ちょうさ》」というものを定期的に実施《じっし》し、その結果を「あなたのまちの地域危険度」というパンフレットにまとめています。この中には、地震によって建物が倒壊《とうかい》する危険度や、地震の二次災害として火災が発生した場合に延焼《えんしょう》（火災が燃え広がること）の危険性などについてマップ化されたものが入っています。

ハザードマップをはじめ、自治体などが発行する災害に関する各種の資料《しりょう》情報などを確認《かくにん》しておくと、最初に起こった災害だけでなく、二次災害から身を守ることにも役立てることができます。

中 後 最初の災《さい》害《がい》が起こった時の情報収集《じょうほうしゅうしゅう》

災害《さいがい》が発生したら、まずは身の安全を確《かく》保《ほ》した上で、二次災害に備《そな》えましょう。

どんな二次災害が発生するのかは、最初に起きた災害に関係することが多いため、いつ、どこで、どんな災害が起こったのかを知ることが大切です。テレビやラジオ、スマートフォンなど、その時に使えるメディアを使った情報《じょうほう》集めが大切です。

たとえば最初の災害が地震《じしん》の場合、海岸に近い場所などに住んでいれば、二次災害としての津波《つなみ》に対しての警戒《けいかい》が必要になります。また、これまでに説明してきたように、通電火災が起こる可能性《かのうせい》があります。

通電火災を防《ふせ》ぐには、揺《ゆ》れが落ち着いた後に、使っていた電化製品《せいひん》のスイッチを切ったり、電源《でんげん》プラグをコンセントから抜《ぬ》いたりすることが必要です。

また、自宅《じたく》を離《はな》れて避難する必要があるような場合には、家全体の電源（ブレーカー）を切っておくようにすれば、家具などに隠《かく》れて見えない場所にあるコード類のショートなどによる通電火災を防ぐことができます。そのためには、事前に家族でブレーカーの場所と、ブレーカーの切り方を確認《かくにん》しておく必要があります。

二次災害《さいがい》の発生が迫《せま》っている時の対処《たいしょ》

二次災害《さいがい》の危険《きけん》が目の前に迫《せま》っている時には、市区町村などの防災行政《ぼうさいぎょうせい》無線や広報《こうほう》車《しゃ》から避難《ひなん》が呼《よ》びかけられます。防災行政無線とは、屋外に設置《せっち》されたスピーカーなどから災害情報《じょうほう》を伝達する仕組みです。

たとえば、阪神《はんしん》・淡路大震災《あわじだいしんさい》の時には、警察《けいさつ》を中心に、土砂《どしゃ》くずれなどの二次災害が起こりそうな場所のパトロールが行われ、注意が呼びかけられました。

突然《とつぜん》の火災や増水《ぞうすい》などによって二次災害の危険が急に高まることもあるため、こうした注意や避難の呼びかけを見聞きしたら、できるだけ早く、安全な場所に避難しましょう。

二次災害は、最初に起きた災害に関係することが多いとはいえ、必ずしも予測《よそく》された通りに起こるわけではありません。

テレビやラジオ、スマートフォンなどのメディアを使って最新の情報を集め、二次災害から身を守りましょう。

■阪神《はんしん》・淡路大震災時《あわじだいしんさいじ》の被災地《ひさいち》パトロールの様子

阪神《はんしん》・淡路大震災《あわじだいしんさい》発生から２週間ほどが経過《けいか》した２月１日に、家が倒壊《とうかい》して人がいなくなっている被災地《ひさいち》を、警戒《けいかい》してパトロールする警察官《けいさつかん》（神戸市兵庫区）。

3 複《ふく》合《ごう》災《さい》害《がい》のことを知っておこう

複《ふく》合《ごう》災《さい》害《がい》は、被《ひ》害《がい》が大きくなってしまう

中 後

二次災害《さいがい》とは別に、「複合《ふくごう》災害」と呼《よ》ばれる災害もあります。

二次災害は、最初に起こった災害をきっかけにして、別の災害が発生するというもので、たとえば地震《じしん》という一次災害によって、津波《つなみ》という二次災害が発生したりすることです。

これに対して、複合災害とは、いくつかの災害がほぼ同時に、または短い期間の間に立て続けに起こることをいいます。

複合災害はいくつかの災害が重なって起こっているため、ひとつの災害で発生する被害《ひがい》よりも大きくなりやすく、対応《たいおう》の仕方も複雑《ふくざつ》になります。

たとえば、2007年10月に発生した新潟県中越地震《ちゅうえつじしん》では、その年の冬に19年ぶりの豪雪《ごうせつ》が降《ふ》るという複合災害が起こりました。そのため、雪崩《なだれ》や土砂《どしゃ》くずれがたくさん発生し、被害が大きくなりました。

また、2011年の東日本大震災《ひがしにほんだいしんさい》では、巨《きょ》大《だい》地震を引き金として、巨大津波という二次災害に加えて、津波を原因《げんいん》とした原子力発電所の事故《じこ》が発生して放射性物質《ほうしゃせいぶっしつ》が漏《も》れ出《だ》すという災害が起きています。まさに、地震・津波・放射能汚染《おせん》という3つの災害の複合災害であり、これまでに経験《けいけん》したことがないような大きな被害につながりました。

地震だけでも大変な被害をもたらしますし、津波も、原子力発電所の事故も、それぞれが大きな被害をもたらします。しかし、東日本大震災では、これら3つの災害がほぼ同時におそいかかってきたのです。その被害の大きさは想像《そうぞう》をはるかに超《こ》えたものでした。このように、複合災害は、被害がより甚大《じんだい》になるのです。

二次災害は比較的頻繁《ひかくてきひんぱん》に起《お》こり得《う》るもので、それに比《くら》べれば複合災害の発生可能性《かのうせい》は低くなります。

しかし、日本は「災害大国」と呼ばれるほど自然災害が多い国のため、地震と台風の複合災害など、今後も複合災害の発生が心配されているのです。

「自然災《さい》害《がい》と感《かん》染《せん》症《しょう》」の複《ふく》合《ごう》災害も起《お》こり得《う》る

後

二次災害《さいがい》は、一次災害が原因《げんいん》となって2つめの災害が発生する事態《じたい》なので、ある程《てい》度《ど》は予想できます。地震《じしん》が起きた後は津《つ》波《なみ》がくるかもしれない、台風がきたら、土砂《どしゃ》くずれや河川《かせん》の氾濫《はんらん》があるかもしれない、などです。

しかし複合《ふくごう》災害の場合は、必ずしも最初の災害が原因となって２つめの災害が起こるわけではないので、予測《よそく》のしようがありません。また、自然災害の複合災害ということもあれば、自然災害と人為的《じんいてき》災害の複合災害なども考えられます。

さらにいえば、自然災害と感染症《かんせんしょう》のまん延《えん》という複合災害もあります。

感染症とは、病原体と呼《よ》ばれる細菌《さいきん》やウイルスなどが口や皮ふなどから体の中に入って、発熱や下痢《げり》などさまざまな症状《しょうじょう》を引き起こす病気のことをいいます。新型コロナウイルスもそうですし、毎年冬に感染する人が増《ふ》えるインフルエンザも感染症です。

ひとたび災害が発生すると、電気、ガス、水道などが被害《ひがい》を受けてきれいな水が使えなくなったり、食料が不足したりして体調不良になりやすくなります。さらに、たくさんの人が避難所《ひなんじょ》に集まることで、感染症が人から人にうつりやすい環境《かんきょう》も生まれます。

避難所とは災害によって自宅《じたく》がこわれてしまった場合などに、ある程度《ていど》の期間を過《す》ごせる施設《しせつ》です。

実際《じっさい》に、東日本大震災《ひがしにほんだいしんさい》の時にはたくさんの人が避難所に避難していたため、インフルエンザやノロウイルスなどの避難所での集団《しゅうだん》感染などが確認《かくにん》されています。

水道施設が使えない、加熱調理もしづらいという状況《じょうきょう》の避難所などでは、衛生面《えいせいめん》の問題もあり、感染症や食中毒《しょくちゅうどく》などにも十分な注意が必要になるのです。

■福島第一原発事故《じこ》で複合災害《ふくごうさいがい》が発生

2011年3月11日の東日本大震災《ひがしにほんだいしんさい》時の津波《つなみ》により福島第一原発と福島第二原発で電源がとまるなどの事故《じこ》が発生。その後、第一原発では放射能《ほうしゃのう》が漏《も》れ出《だ》し、周辺地域《ちいき》は大震災と放射能汚染《おせん》の複合災害《ふくごうさいがい》となってしまった。

放射能汚染《ほうしゃのうおせん》という複合災害《ふくごうさいがい》のために、周辺住民には放射能レベルをチェックする必要が生じた。

4　二次災《さい》害《がい》・複《ふく》合《ごう》災害と情《じょう》報《ほう》・メディア

後

災害後《さいがいご》も継続的《けいぞくてき》に情報《じょうほう》を取る

災害時《さいがいじ》に、被災地域《ひさいちいき》にいる場合には、災害発生後も、できるかぎり継続的《けいぞくてき》に災害情《じょう》報《ほう》の入手を続けるようにする必要があります。

“今、何が起きているのか”をきちんと知ることが、二次災害・複合《ふくごう》災害の発生時に身を守ることにつながるからです。

二次災害は、連続的に発生することが多いものです。また、どんな災害が原因《げんいん》となって、次にどんな二次災害が発生する危険性《きけんせい》があるのかも、ある程度《ていど》わかっていることが多いものです。

たとえば「地震《じしん》のあとには津波《つなみ》がくる」ということを経験的《けいけんてき》に、あるいは教訓として知っていれば、緊急《きんきゅう》地震速報を受け取った時に津波の危険性についても考えて、避《ひ》難《なん》行動をとるなどの対応《たいおう》ができます。

しかし、複合災害は、原因となる災害があって、その結果として何かの災害が発生するわけではないので、予測《よそく》するということができません。

地震が起きて、それによって津波がくることは理解《りかい》できても、放射能汚染《ほうしゃのうおせん》という災害の発生は予想できません。

ですから、ある災害が一定程度落ち着いて、自身の身の安全がいったんは確保《かくほ》されたとしても、その時点で安心してしまうのではなく、継続的にメディアに接《せっ》して、可《か》能《のう》なかぎり情報を入手することに努める必要があります。

継続的に情報入手するようにしていれば、新たな災害としての二次災害や複合災害についても早い段階《だんかい》で情報を得《え》て、対応を準備《じゅんび》することが可能になります。

中　後

マスメディアの情報《じょうほう》より、SNS《エスエヌエス》の情報

最初の災害《さいがい》発生から、二次災害の発生まではあまり時間的な余裕《よゆう》がないことが多いと思われます。

たとえば、地震《じしん》によって、二次災害として発生する火災や、地割《じわ》れによる道路の分《ぶん》断《だん》や建物の倒壊《とうかい》などです。

しかし、テレビであれ、ラジオであれ、インターネットのニュースサイトであれ、それらが実際《じっさい》に起こったことなのかどうかの事実確認《かくにん》ができたり、公的な機関などからの発表があったりしないかぎり、ニュースとして発信することは難《むずか》しいのです。

自宅《じたく》にいて地震にあい、揺《ゆ》れがおさまったところで、いざ避難《ひなん》しようという際《さい》に、どこに避難するのがもっとも安全かわから

ない、ということもあるでしょう。

そうした場合に、リアルタイム性《せい》が高いSNS《エスエヌエス》ならば、地震の後に発生する火災などの二次災害について有益《ゆうえき》な情報《じょうほう》を得《え》られ、災害を避《さ》けられる可能性《かのうせい》があります。

2016年の熊本地震《くまもとじしん》においては、熊本市長が地震の発生後にすばやくツイッターで情報発信をし始めました。被災《ひさい》の状況《じょうきょう》や避難所の案内などを、ツイッターを通じて発信したのです。こうした情報発信により、市民の安全確保《かくほ》につながったといわれています。

中

受信だけでなく、発信によって命が助かることもある

また、災害《さいがい》にあって避難《ひなん》しづらい状況《じょうきょう》の際《さい》に、やはりツイッターなどのSNS《エスエヌエス》を通じて救助《きゅうじょ》を求める情報《じょうほう》を発信し、それによって無事救助されたという事例もあります。

東日本大震災《ひがしにほんだいしんさい》の時、宮城県で被災《ひさい》した人の息子《むすこ》が、救助を求めるためにツイッターで情報発信したところ、当時の東京都副知事がそのツイートを見て、救助ヘリを出動させたということもありました。

一般《いっぱん》に、テレビやラジオなどのメディアは、情報を受けるためのメディアですが、インターネット、特にSNSなどは、受信はもちろん、情報を発信することのできるメディアでもあります。

そうした特性《とくせい》を活用して、最初の災害はもちろんのこと、二次災害・複合《ふくごう》災害からも身を守るための情報の受信・発信を行うことも大切です。

ただし、SNSについては、フェイクニュースなどの問題もありますので、利用にあたっては、その点に十分な注意が必要なことは、いうまでもありません。

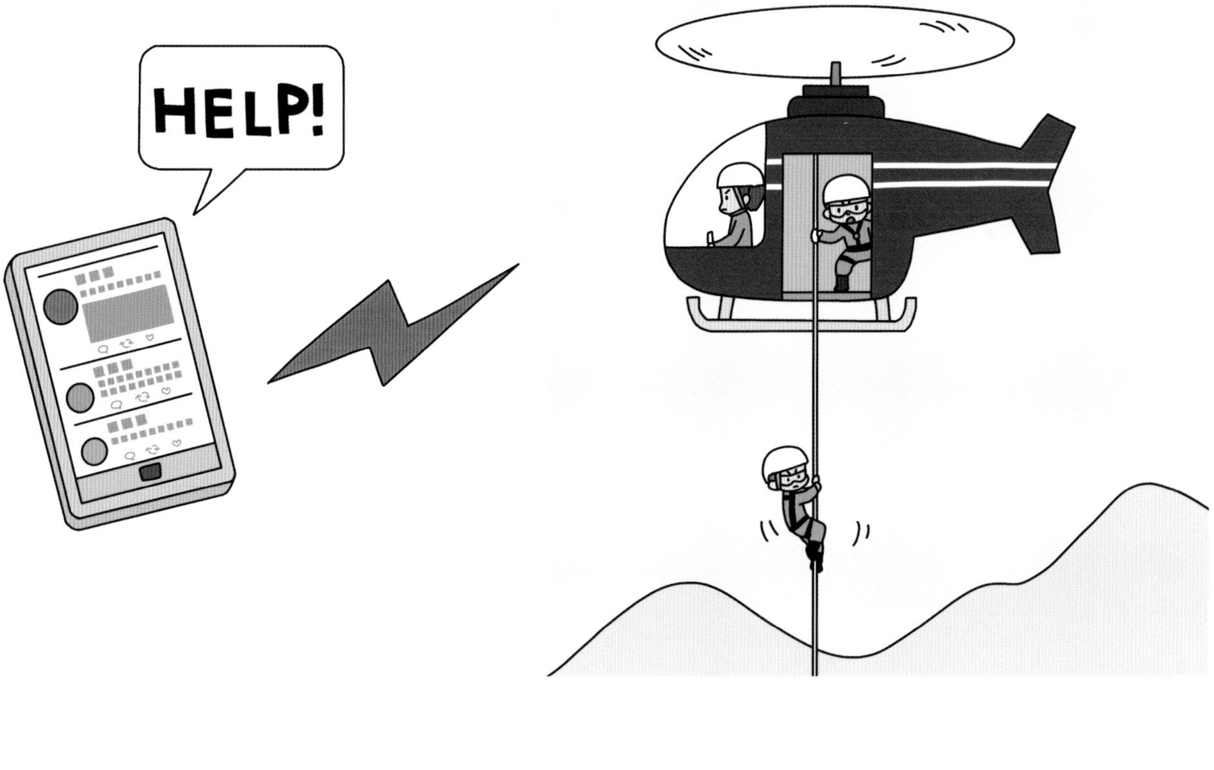

5 東日本大震災《ひがしにほんだいしんさい》の教訓

二次災害《さいがい》も複合《ふくごう》災害も起こった東日本大震災《ひがしにほんだいしんさい》

2011年3月11日に発生した東日本大《ひがしにほんだい》震災《しんさい》は、日本国内で観測《かんそく》された地震の中でも最大規模《きぼ》の地震でした。

また、アメリカ地質調査所《ちしつちょうさしょ》（USGS《ユーエスジーエス》）の情報《じょうほう》では、1900年以降《いこう》に発生した地震の中で、世界で4番目に大きなものだったと報告《ほうこく》されています。

さらに、その後に発生した巨大《きょだい》な津波《つなみ》は、東北地方を中心に大きな被害《ひがい》をもたらし、原子力発電所の事故《じこ》も引き起こしました。また、同年9月に発生した台風15号などによる大雨で、被害はさらに広がりました。

その一方で、地震が発生した場所から離《はな》れている首都圏《しゅとけん》においても、地震直後には交通機関が混乱《こんらん》し、たくさんの人が自宅《じたく》に帰ることができなくなったり、液状化現象《えきじょうかげんしょう》（柔《やわ》らかい砂《すな》の地盤《じばん》に強い揺《ゆ》れが加わることで、地層《ちそう》が液体状になる現象）が起こったりもしました。

このように、東日本大震災では二次災害も複合《ふくごう》災害も発生し、広い範囲《はんい》に被害がおよびました。そのため、これをきっかけに、日本の災害に対する考え方が大きく変わることになったのです。

これからは「想定外」にどう対応《たいおう》するかが大事になる

東日本大震災《ひがしにほんだいしんさい》の時には、政府《せいふ》や自治体などの発表の中で、「想定外の大きさの津《つ》波《なみ》」、「想定外の原子力発電所の事故」といったように、「想定外」という言葉がたくさん使われました。

これは、自然災害の被害《ひがい》は予想できないことを意味するとともに、二次災害や複合《ふくごう》災害のおそろしさを物語るものとなりました。

これからは、起こるかもしない想定外の災害に対して、わたしたちはどのように対《たい》応《おう》していくのかが問われています。

情報《じょうほう》の空白地域《ちいき》から身を守ろう

その対応《たいおう》のひとつとして、さまざまなメディアを使いこなすことがあげられます。

東日本大震災《ひがしにほんだいしんさい》の津波《つなみ》は、電気や通信の施《し》設《せつ》だけでなく、災害情報《じょうほう》を発信する自治体の建物や防災行政《ぼうさいぎょうせい》無線などにも被害《ひがい》をおよぼしたため、災害情報の発信・受信ができない「情報の空白」を発生させました。

そのため、もっとも災害情報がほしい人

たちが、情報を受け取れなかったことがわかっています。

災害情報は、災害から身を守るために欠かせない要素《ようそ》のひとつです。想定外の災害が起こった時にも、さまざまなメディアを使いこなして情報を集めることができれば、冷静な行動を助けてくれます。

だからこそ、災害時に利用できるメディアを知り、使いこなすことが求められているのです。

インターネットやSNS《エスエヌエス》の有効《ゆうこう》活用がこれからの課題

熊本地震《くまもとじしん》で、熊本市長がツイッターで情《じょう》報《ほう》発信し、市民の安全確保《かくほ》につとめた事例や、宮城県の被災者《ひさいしゃ》の家族が発信した、救《きゅう》助《じょ》を求めるツイッターを見た東京都の副知事が、救助のためのヘリを飛ばした事例を31ページに書きました。このように、災害発生時、あるいは発生直後の時間的な余裕《よゆう》のない状況《じょうきょう》の中で、SNS《エスエヌエス》が有効《ゆうこう》な情報《じょうほう》の受発信手段《しゅだん》になることは間違《まちが》いありません。

もちろん、インターネットやSNSが常《つね》に有益《ゆうえき》な情報だけを発信しているとはかぎらず、活用するにあたっては、十分な注意が必要であるという側面もあります。しかし、これからは、こうした情報を受発信する手段を、わたしたち自身がどう使いこなすかが、ますます重要な課題になってくることは確《たし》かです。

おそれず、過信《かしん》せず、SNSをはじめとした情報メディアと向き合うことが、まさにメディアリテラシーを高める重要ポイントになってくることでしょう。

災害時《さいがいじ》に利用できた情報《じょうほう》ツールや情報機器

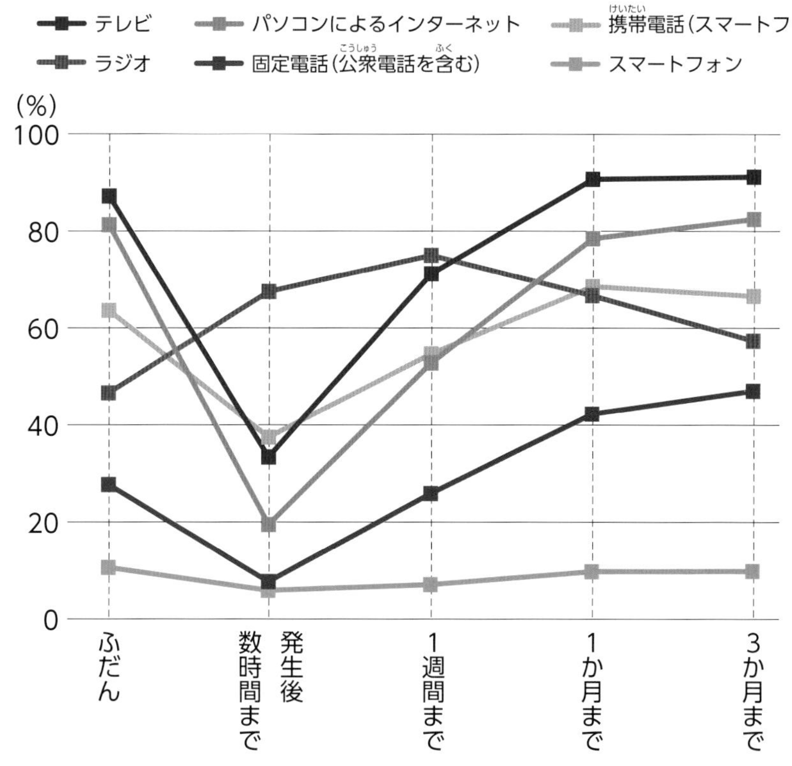

普段《ふだん》、および東日本大震災《ひがしにほんだいしんさい》発生後、いつ、どんな情報《じょうほう》ツールなどを利用した（できたのか）を調査《ちょうさ》。

震災発生後の数時間は、ラジオの67.5%がもっとも利用率《りようりつ》が高く、ラジオを除《のぞ》く多くの情報メディアは使いづらくなっていた。これが「情報の空白」につながる危険《きけん》がある。

（出典：「東日本大震災　情報行動調査報告書」情報支援プロボノ・プラットフォーム（iSPP）発行）

コラム

パンデミックに関する注意点

パンデミックとは何か

パンデミックとは、なんらかの感染症《かんせんしょう》が世界的に流行してしまうことをいいます。

感染症というのは、細菌《さいきん》やウイルスなどが病原体となって、人々の体内に侵入《しんにゅう》することによって引き起こされる病気のことです。

毎年のように冬になると、インフルエンザの流行がニュースになりますが、このインフルエンザも感染症のひとつです。

そのほか、ノロウイルスや手《て》足《あし》口《くち》病《びょう》など、さまざまな感染症があります。

2020 年に入って間もなく、中国・武《ぶ》漢《かん》という場所から始まったといわれる新型コロナウイルスによる感染症の患者《かんじゃ》が日本でも発見されました。その後、あっという間に日本中に広がりました。この新型コロナウイルスは中国・日本だけでなく、世界中に広がり、パンデミック（世界的流行）となったのです。

インフルエンザなどの感染症は、すでに治《ち》療《りょう》方法もあり、ワクチンといわれる予《よ》防《ぼう》薬《やく》もあるため、ある程《てい》度《ど》の流行はしても、パンデミックになることはありません。

しかし、新型コロナウイルスは、その名の通り、これまでになかった新しいウイルスであるため、治療法もワクチンもなかったために、深刻《しんこく》なパンデミックになってしまったのです。

■ 風評《ふうひょう》被《ひ》害《がい》の加害者になってはいけない

感染症《かんせんしょう》は人から人に感染するものなので、感染した人に対する差別的な対応《たいおう》をする人が出てくることがあります。特に SNS《エスエヌエス》 などで、「どこのだれが感染した。××の家族には近づくな!」といった心ない情報《じょうほう》が拡散《かくさん》されることもあります。そうした情報に接《せっ》しても、それをリツイートして拡散する側にまわってはいけません。風《ふう》評《ひょう》被《ひ》害《がい》の加害者にならないように、情報発信にも慎重《しんちょう》さが必要なのです。

パンデミック（世界的流行）

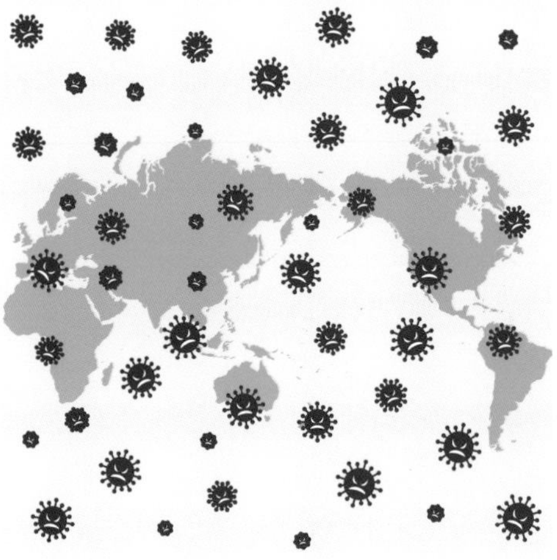

■「新型《しんがた》コロナウイルス感染症《かんせんしょう》」という新しい複合災害《ふくごうさいがい》の危険性《きけんせい》

日本では2020年1月ごろから流行し始めた新型《しんがた》コロナウイルス感染症《かんせんしょう》。あっという間に世界中に広がり、多くの命が失われ、また経済《けいざい》にも多大な影響《えいきょう》が出ました。この新型コロナウイルス感染症の流行は2021年2月現在《げんざい》まだおさまっていません。

感染症の流行だけでも重大な災害《さいがい》ですが、そんなパンデミックの状況《じょうきょう》で、別の災害が発生したら、まさに複合《ふくごう》災害であり、とても大変な事態《じたい》になることが想像《そうぞう》できます。

■熊本豪雨時《くまもとごううじ》の避難所《ひなんじょ》では、感染症対策《かんせんしょうたいさく》がとられた

2020年7月、熊本県を中心とした「令和2年7月豪雨《ごうう》」、いわゆる熊本豪雨が発生しました。新型《しんがた》コロナウイルス感染症《かんせんしょう》が広がる中で起こったはじめての大きな自然災害《さいがい》となり、これまでの災害とは違《ちが》う対応《たいおう》が求められました。

新型コロナウイルス感染症は、閉《し》め切《き》った室内（密閉《みっぺい》）で、たくさんの人（密集《みっしゅう》）が、近い距離《きょり》（密接《みっせつ》）で会話をすると、感染する可能性《かのうせい》が高くなるため、この密閉・密集・密接の「3密《みつ》」を避けることが、感染の予防《よぼう》や拡大防止《かくだいぼうし》につながるといわれています。

しかし、大雨の被害《ひがい》によってたくさんの人が避難《ひなん》せざるを得《え》なくなり、避難所が3密の状態《じょうたい》になってしまったのです。

そこで、避難所ではマスクの着用や手洗《てあら》い・うがいを今まで以上にしっかりすることや、避難世帯ごとに仕切りを設《もう》けるなどの対策《たいさく》がとられました。

■新型《しんがた》コロナウイルス感染防止《かんせんぼうし》のため仕切りが設《もう》けられた避難所《ひなんじょ》

熊本豪雨《くまもとごうう》の時の八《やつ》代《しろ》市内の避難所《ひなんじょ》。新型《しんがた》コロナウイルス感染症《かんせんしょう》が、避難者の間で広がることを防《ふせ》ぐために、段《だん》ボールの仕切りが設《もう》けられた。

もし感染症《かんせんしょう》まん延時《えんじ》に大地震《おおじしん》が発生したら…

2019年に政府《せいふ》の機関である地震調査《じしんちょうさ》研究推進《すいしん》本部が発表した報告書《ほうこくしょ》には、これから30年以内に大きな地震が発生する確率《かくりつ》は、東北地方で90%というものがありました。

また、首都圏《しゅとけん》においても「首都直下地震《しゅとちょっかじしん》」といった地震の発生が考えられていますし、静岡県から宮崎県の沿岸《えんがん》にまたがる広い範囲《はんい》では「南海《なんかい》トラフ地震《じしん》」という巨大《きょだい》な地震の発生も予想されています。

地震は、プレート（地球の表面近くにある岩盤《がんばん》の層《そう》）の付近で起こっています。日本は、そのプレートが４つも集まっている地点にあり、非常《ひじょう》に地震が起きやすい場所です。また、それ以外の場所でも地震は起きるので、いつ地震が起きてもおかしくありません。さらに近年では、夏から秋にかけて毎年のように大雨や台風、洪水《こうずい》の被害《ひがい》もたくさん起きています。

いまのところ、大規模災害《だいきぼさいがい》と感染症《かんせんしょう》の複合《ふくごう》災害という事態《じたい》は発生していませんが、今後はそうした複合災害の危険性《きけんせい》は高まるかもしれません。

そのため、より一層《いっそう》の防災《ぼうさい》・減災対策《げんさいたいさく》が求められます。

冷静に、適切《てきせつ》に情報《じょうほう》を入手し、身を守る行動につなげる

万が一、大きな災害《さいがい》が発生して、避難所《ひなんじょ》への避難が必要な状況《じょうきょう》になった場合でも、感《かん》染症《せんしょう》をおそれて避難所への避難はしないと判断《はんだん》する人も増《ふ》えているようです。

避難所への避難は強制《きょうせい》ではないので、安全な避難が可能《かのう》な状況であるならば、在宅《ざいたく》避難や車中泊《しゃちゅうはく》避難でも問題はありません。

ただ、熊本豪雨《くまもとごうう》の例でも紹介《しょうかい》したように、避難所自体が感染症対策《たいさく》をとっている場合もあり、避難所 =3 密《みつ》とはかぎりません。避難所の状況に関する情報《じょうほう》などを積極的に入手して、どのような避難が良いのかを冷静に判断《はんだん》するようにすべきでしょう。

重要！ 災害時《さいがいじ》には、自らの命を守るため、危険《きけん》な場所にいる人は避難《ひなん》することが原則《げんそく》です。

3密《みつ》を避《さ》けること！

複数《ふくすう》の避難所《ひなんじょ》を確認《かくにん》しておく

自治体からの情報《じょうほう》をもとに、できるだけ密《みつ》にならない避難所へ避難する。

親戚《しんせき》や知人の家などへの避難《ひなん》を検討《けんとう》する

できる場合には、安全な場所にある親戚や知り合いの家に避難することも考える。

避難《ひなん》するときは、マスクや体温計、消毒液《しょうどくえき》など、感染症予防《かんせんしょうよぼう》に必要なものをできるだけ持っていきましょう。

在宅避難《ざいたくひなん》・車中泊《しゃちゅうはく》避難も考える

自宅《じたく》が安全ならば「在宅避難」、自家用車が使えるなら「車中泊避難」も考える。

第3章

被《ひ》災《さい》から復《ふっ》興《こう》に向けての
メディア・情《じょう》報《ほう》の役《やく》割《わり》

1 復旧《ふっきゅう》・復興《ふっこう》時《じ》のメディアと情報《じょうほう》

後

災害《さいがい》を乗《の》り越《こ》えていくために

災害《さいがい》が発生してから１週間、１か月といった時間が経過《けいか》すると、どんな被害《ひがい》が起こったかが詳《くわ》しくわかり、被害を受けた場所の復旧《ふっきゅう》と復興《ふっこう》が始まります。こうした時期は「復旧期」「復興期」と呼《よ》ばれます。

復旧とは、災害によってこわれてしまったライフライン（電気、ガス、水道、通信など生活していく上で欠かせない施設《しせつ》）をはじめ、道路や河川《かせん》などを災害前の状態《じょうたい》に戻《もど》すことをいいます。

復興とは、ただ元の状態に戻すだけではなく、建物などの安全性《あんぜんせい》をより高めることや、経済《けいざい》・産業を災害前よりも良くしていくことを意味しています。

後

生活を取《と》り戻《もど》すための復旧期《ふっきゅうき》の情報《じょうほう》

復旧期《ふっきゅうき》には電気や通信などの施設《しせつ》も復旧していることが多いため、テレビやスマートフォンなどを使って情報《じょうほう》を得《え》ることがやりやすくなってきます。

この時期では、家族や友人などの安否《あんぴ》情報をはじめ、水や食べ物の配給がいつあるのか、治療《ちりょう》が受けられる病院はどこか、仮《か》設住宅《せつじゅうたく》の情報といった生活情報がたくさん発信されるようになります。

さらに、利用できる飲食店や美容院《びよういん》、銭《せん》湯《とう》といった情報も増《ふ》えていきます。災害の不安や避難《ひなん》生活のストレスを少しでも和《やわ》らげるための情報が求められるからです。

人は、災害などによって強いストレスなどにさらされると、その程度《ていど》に個人差《こじんさ》はあっても、不安や心配な気持ちが生まれ、自分でも気づかないうちに心や体に不調が起こることがあります。

眠《ねむ》れない、苦しいと感じる、心配でイライラするといった症状《しょうじょう》がある時は、身近な人や専門家《せんもんか》に相談しましょう。

また、被害《ひがい》を受けた地域《ちいき》以外では、メディアなどを通して復興支援《ふっこうしえん》やボランティアの情報なども発信されます。

生活に関連した、こうした情報はマスメディアではなく、地域に密着《みっちゃく》したメディアから入手することになるでしょう。

放送メディアを活用する場合でも、全国ネットの放送番組ではなく、地元のテレビ局やラジオ局、あるいはコミュニティFM《エフエム》などのラジオ放送が有効《ゆうこう》であることが多いでしょう。

また市区町村など自治体が発信する情報も重要となります。

後

被災地域《ひさいちいき》を勇気づける 復興期《ふっこうき》のメディア情報《じょうほう》

復興期《ふっこうき》に入ると、被害《ひがい》が少なかった地域《ちいき》では徐々《じょじょ》に元の生活が戻《もど》り始《はじ》めます。また、より良いまちづくりを目指す動きも活発になります。

たとえば、2016年4月に起きた熊本地《くまもとじ》震《しん》からの復興のために、熊本市は同年の10月に「熊本市震災《しんさい》復興計画」を発表しました。

これは、行政《ぎょうせい》や市民が力を合わせることで、より良い復興を実現《じつげん》しようとする考えや取り組みが示《しめ》されたものです。たとえば、被害を受けた人の生活支援《しえん》や、災害に強いまちづくり、産業や文化を支援して地域に活気を取り戻すといった施策《せさく》がふくまれています。

熊本市のシンボルである熊本城の復興もそのひとつです。大きな被害を受けた熊本城が復興していく様子をメディアなどで積極的に発信することは、復興の進展《しんてん》を伝えるとともに、被害を受けた地域の人たちに勇気を与《あた》えることにもつながります。

復興期においては、自治体などがこうした復興に関する取り組みを、ホームページなどを通して発信していきます。また、テレビやラジオ、新聞なども、その様子を全国に伝えたりすることがあります。

■熊本《くまもと》市が発行する「熊本市 復興《ふっこう》への道標《みちしるべ》」

熊本《くまもと》市では、震災復興《しんさいふっこう》発信冊子《さっし》「熊本市 復興への道標《みちしるべ》」を発行して、復興状況《じょうきょう》についての情報《じょうほう》発信を行っている。

（掲載協力：熊本市）

後

災害《さいがい》を忘《わす》れないための情報《じょうほう》発信

災害《さいがい》の発生から半年、１年、３年といった月日が経《た》っていくと、その災害に関するニュースを見聞きする機会が減《へ》っていき、災害が起こった地域《ちいき》への関心が小さくなっていきます。こうしたことを、「災害の風化」と呼《よ》びます。

災害の風化が問題なのは、災害の記憶《きおく》が薄《うす》れていくことだけではなく、災害そのものに対する心構《こころがま》えや備《そな》えが忘《わす》れ去《さ》られてしまうことにあります。

そのため、テレビやラジオなどのメディアは、大きな災害が起こった日などに特別番組を放送したりすることが多くあります。また、新聞や雑誌《ざっし》も、特集記事を組んだりすることで、災害の風化を防止《ぼうし》しています。

こうした番組や記事を見聞きした時は、家族や友だちなどと一緒《いっしょ》に、災害について考えてみましょう。災害を風化させないためには、ひとりひとりが意識《いしき》することが大切です。

また、テレビ番組を見たことをきっかけに、備蓄《びちく》を確認《かくにん》するのもよいでしょう。

前 後

昔の人たちの経験《けいけん》を語りつぐことも大切な災害情報《さいがいじょうほう》

2011 年に発生した東日本大震災《ひがしにほんだいしんさい》の津波《つなみ》で、東北地方の沿岸部《えんがんぶ》は大きな被害《ひがい》を受け

全国にある自然災害伝承碑《さいがいでんしょうひ》

決壊《けっかい》の跡《あと》

災害名《さいがい》　平成 27 年９月関東・東北豪雨《ごうう》
(2015 年９月 10 日)

災害種別　洪水《こうずい》

建立年　2017

所在地　茨城県常総市三坂町

伝承内容《でんしょう》

平成 27（2015）年９月 10 日、関東地方から東北地方にかけて多数の線状降水帯《せんじょうこうすいたい》が次々と発生し、鬼怒川《きぬがわ》で堤《てい》防《ぼう》が決壊《けっかい》した。市域《しいき》の約３分の１が浸水《しんすい》、決壊地点では建物が流失し、浸水が解消するまでに 10 日間を要した。

大海嘯記念碑《だいかいしょうきねんひ》

災害名《さいがい》
昭和三陸地震《じしん》
(1933 年３月３日)

災害種別
地震《じしん》・津波《つなみ》

建立年　1934

所在地
岩手県下閉伊郡
山田町船越

伝承内容《でんしょう》

昭和８（1933）年３月３日午前２時 30 分、強い地震《じしん》があり、３時ごろより高さ 10m の大津波《おおつなみ》が襲来《しゅうらい》。３時 10 分ごろもっとも被害《ひがい》があった。船越区《ふなこしく》は流失 23 戸、半壊《はんかい》１戸、死者３名。田ノ浜区《たのはまく》は流失 183 戸、半壊２戸、死者２名。大浦区《おおうらく》は流失５戸、半壊 14 戸。「大地《おおじ》震《しん》の後には津波がくる」、「地震があったら高い所へ集まれ」など５つの教訓を刻《きざ》む。

ましたが、海からわずか500ｍほどしか離《はな》れていない場所にあった岩手県釜石《かまいし》市内の小・中学生約570名は無事に避難《ひなん》することができました。

東北地方には、「津波てんでんこ」といって、「津波がきたら、それぞれがてんでんバラバラに逃《に》げろ」という古い教訓があります。こうした教訓が生徒たちの中に根づいていたことで、津波が起こった時のすばやい避難につながり、多くの命が守られたのです。この出来事は『釜石の奇跡《きせき》』とも呼《よ》ばれています。

一方で、2018年に起こった「平成30年7月豪雨《ごうう》（西日本豪雨）」によって大きな被害を受けた地域《ちいき》には、写真のような石《せき》碑《ひ》があります（41ページ「水害碑」）。そこには、100年以上前に起きた洪水《こうずい》の状《じょう》況《きょう》が刻《きざ》まれています。ところが、西日本豪雨の後に新聞社が地域の人に取材をしたところ、石碑があることは知っていても、内《ない》容《よう》をきちんと読んだことはないという話があったことがわかりました。先人の経験《けいけん》が生かされていなかったのです。

こうした石碑やモニュメントは「自然災害伝承碑《でんしょうひ》」と呼ばれ、過去《かこ》に起こった災害の被害や教訓を伝えています。全国各地にあるので、住んでいる地域で目にしたら、読んでみたり、調べてみたりしてみましょう。自然災害伝承碑も、災害情報《じょうほう》を伝えてくれるひとつの大切なメディアです。

また自然災害伝承碑は、国土地理院《こくどちりいん》のウェブ地図「地理院地図」で確認《かくにん》することもできます。「自然災害伝承碑」で検索《けんさく》してみましょう。

天心白菊《てんしんしらぎく》の塔《とう》

災害《さいがい》名
昭和43年8.17豪雨《ごうう》災害《さいがい》
(1968年8月17～18日)

災害種別
洪水《こうずい》・土砂《どしゃ》災害

建立年　1969

所在地
岐阜県加茂郡白川町河岐下山1279-6

伝承《でんしょう》内容
昭和43(1968)年8月17日夜半から18日未明におそった集中豪雨で土石流《どせきりゅう》が発生し、観光バス2台が巻《ま》きこまれ飛騨川《ひだがわ》へ転落、乗客乗員104名が犠牲《ぎせい》となった。他にも中濃《ちゅうのう》地方で14名の犠牲者を出した。

水害碑

災害《さいがい》名
洪水《こうずい》・土石流《どせきりゅう》
(1907年7月15日)

災害種別
洪水・土砂《どしゃ》災害

建立年　1910

所在地
広島県安芸郡坂町坂東二丁目

伝承《でんしょう》内容
明治40(1907)年7月15日午前5時ごろ，数日来降《ふ》り続《つづ》いた豪雨《ごうう》により総頭川《そうずがわ》が決壊《けっかい》し、死者2名、家屋流失11棟《むね》、田畑も流失するという大災害が発生した。

国土地理院《こくどちりいん》のホームページでは、全国の自然災害伝承碑《さいがいでんしょうひ》の所在地を検索《けんさく》できる。2021年1月15日現在《げんざい》で、741か所の自然災害伝承碑が公開されている。

（出典：国土地理院ホームページを参考に作成）

2 復旧《ふっきゅう》・復興期《ふっこうき》の情報《じょうほう》は正確性《せいかくせい》を優先《ゆうせん》

後 災害《さいがい》の後も消えない厄介《やっかい》な「風評被害《ふうひょうひがい》」

復旧《ふっきゅう》・復興期《ふっこうき》の情報収集《じょうほうしゅうしゅう》においては、その情報をしっかりと検証《けんしょう》することが大切です。

世の中に強い印象《いんしょう》を残すような大きな災《さい》害《がい》などが発生すると、「風評被害《ふうひょうひがい》」と呼《よ》ばれる被害が起こるからです。

風評被害とは、災害や事件《じけん》などがメディアを通して世間に知《し》れ渡《わた》ることによって、根拠《こんきょ》のない風評（うわさ）や憶測《おくそく》などが広がって発生する経済的《けいざいてき》被害のことをいいます。

東日本大震災《ひがしにほんだいしんさい》の例

東日本大震災《ひがしにほんだいしんさい》の時には、原子力発電所の事故《じこ》によって放射性物質《ほうしゃせいぶっしつ》が大量に放出されたため、これに関係する風評被害《ふうひょうひがい》がたくさん発生しました。

放射性物質とは、人体に害のある放射線を出す物質のことです。放射性物質は見ることも触《さわ》ることもできず、においもありませんが、呼吸《こきゅう》をする時に吸《す》いこんでしまったり、野菜などに付着しているものを食べてしまったりすると健康に害をおよぼすため、日本中に不安が広がりました。

そのため、原子力発電所の事故が起こった福島県やその周辺でとれた農産物や水産物などを買《か》い控《ひか》えるような動きが見られました。

この事故によって放射性物質が放出されたのは事実であり、一時期は農産物や水産物の出荷《しゅっか》が制限《せいげん》されたことも確《たし》かです。しかし、福島県やその周辺の地域《ちいき》の人たちは、その後さまざまな対策《たいさく》を行って、放射性物質から農産物や水産物が守られていることを証明《しょうめい》しました。

ところが、一度広がってしまった放射性物質と食品の風評被害は、なかなか消えず、今も買い控えなどの形で少数ながら存《そん》在《ざい》しています。

被害にあった地域が復旧《ふっきゅう》・復興《ふっこう》していくためには、産業を取《と》り戻《もど》す必要があります。しかし、こうした風評被害によって復旧・復興が妨《さまた》げられてしまうのです。

熊本地震《くまもとじしん》の例

熊本地震《くまもとじしん》においても、風評被害《ふうひょうひがい》は発生しました。九州は観光業が盛《さか》んですが、地震が起こったことによって、熊本県だけでなく九州各地で、他県からの旅行者の予約キャンセルが相次いだのです。

たとえば、熊本県の隣《となり》にある大分県の別《べっ》府《ぷ》市は、温泉地《おんせんち》として全国的に有名です。別府市も熊本地震で大きな揺《ゆ》れに見舞《みま》われましたが、幸いにも温泉街の被害は大きくなかったため、多くの温泉旅館は地震直後から営業《えいぎょう》を再開《さいかい》することができていました。

しかし、テレビなどのメディアは、被害が大きかった熊本県の映像《えいぞう》の後に、「大分県でも…」と取《と》り扱《あつか》ったため、見ている人は大分県でも大きな被害があったという印《いん》象《しょう》を受けてしまい、予約キャンセルにつながったのです。

特に全国放送を基本《きほん》とするメディアは、災害が起こった地域《ちいき》の細かい情報《じょうほう》を伝えることができません。ひとつのメディアだけから情報を得《え》ていると、一方的な理解《りかい》になってしまうことがあります。

復旧《ふっきゅう》・復興期《ふっこうき》では、電気や通信も回復し、使えるメディアも増《ふ》えてきます。風評被害を防《ふせ》ぐためにも、複数《ふくすう》のメディアから情報を得て、正しい情報かどうかを確《たし》かめることが大切です。

後

災《さい》害《がい》後《ご》のあやしいメールや連絡《れんらく》に注意！

災害《さいがい》が起こると、発生した被害《ひがい》や悲しい気持ちなどを利用して、金銭《きんせん》をだましとろうとする悪質《あくしつ》な商法が増《ふ》えます。

たとえば、台風が通《とお》り過《す》ぎた後に、「突《とつ》然《ぜん》リフォーム業者がやってきて、不必要な修理《しゅうり》を勧《すす》められた」、「ボランティアを名乗る人から募金《ぼきん》を求める電話があった」といった事例が報告《ほうこく》されています。

こうした悪質な商法は、未成年にも向けられることがあります。たとえば、「地震《じしん》の直後に『地震速報』というメールが届《とど》き、詳細情報《しょうさいじょうほう》と書かれていたアドレスをクリックしたところ、出会《であ》い系《けい》サイトにつながった」、「震災募金への協力のメールが届き、10 人にメールを転送するよう書かれていた」といった事例があります。

こうしたメールや連絡《れんらく》が携帯《けいたい》電話やスマートフォンに届いたら、自分ひとりで判断《はんだん》するのではなく家族に相談しましょう。また、同じようなあやしいメールや連絡を受け取っている人がいて、話題になっていないかどうかを、インターネットを使って調べることも有効《ゆうこう》です。

あわてて返信したり、添付《てんぷ》されているファイルや URL《ユーアールエル》 などを開いたりしないことが大切です。

また、こうした悪質な商法は、災害が発生した地域《ちいき》だけが対象《たいしょう》になるとはかぎりません。自分は大丈夫《だいじょうぶ》と思わずに、どこかで災害が起こった時には注意しましょう。

気軽にあやしいメールなどの情報《じょうほう》を拡散《かくさん》すると、あっという間に多くの人に伝わってしまう。

3 災害時《さいがいじ》に役立つスマートフォン、でも頼《たよ》りすぎはダメ!!

スマートフォンが情報《じょうほう》機器の中心になってきた

今日では、スマートフォンが情報《じょうほう》機器の中心的な存在《そんざい》であるといっても過言《かごん》ではありません。

時にテレビの代わりにもなりますし、専用《せんよう》のアプリがあればラジオ放送も聞けます。災害《さいがい》に関する事前の情報収集《しゅうしゅう》も、災害発生中の避難《ひなん》情報も、そして災害が過《す》ぎた後の安否確認《あんぴかくにん》や、復旧《ふっきゅう》・復興《ふっこう》の情報もスマートフォンで入手可能《かのう》です。

ですから、スマートフォンをきちんと使いこなせるようになることは、災害対策《たいさく》としてとても重要なことかもしれません。

ネット環境《かんきょう》がより快適《かいてき》になる

今日、インターネットを中心としたネット環境《かんきょう》は、大きく進化しています。特にスマートフォンを活用したネット利用に関しては、5G《ファイブジー》と略称《りゃくしょう》される「第5世代移動《いどう》通信システム」の普及《ふきゅう》が目前に迫《せま》っており、大容量《だいようりょう》のデータを、短時間にやりとりできるようになっています。

今後ますますネット環境は進化し、より快適《かいてき》な利用ができるようになることは間違《まちが》いありません。

そうなると、さまざまな情報《じょうほう》のやりとりがスマートフォンを通じて行われるようになり、災害時《さいがいじ》のさまざまな情報も、スマートフォンを活用することによって、よりタイムリーに、よりスピーディーに入手できるようになるでしょう。

2011 年の東日本大震災《ひがしにほんだいしんさい》の時は、スマートフォンの普及も進んでいたので、SNS《エスエヌエス》による情報の受発信などに利用されていました。

しかし一方で、東日本大震災では、通信基地局《きちきょく》がこわれたり、停電《ていでん》によって通話やインターネットの利用ができなくなった場所もありました。また、基地局が無事でも、通信が集中してしまい、回線がパンクして、つながりにくくなるということも発生しました。

近年では、こうした不具合を防《ふせ》ぐために、災害時に無料で使える「00000JAPAN《ファイブゼロジャパン》」というWi-Fi《ワイファイ》が整備《せいび》されたり、必要な場所に移動《いどう》基地局を用意するなどのネット環境を整備する対策《たいさく》などが進んでいます。しかし、それでも、“スマートフォンがあれば、それだけで災害時も大丈夫《だいじょうぶ》”ということにはなりません。活用するための事前の準備《じゅんび》や、スマートフォン以外のメディアの活用もあらかじめ用意しておくようにしましょう。

いざという時にあわてないための事前準備《じゅんび》

たとえば、あらかじめ公衆《こうしゅう》無線LAN《ラン》が使える場所を調べておく。あるいは、家族や友だちの安否《あんぴ》確認《かくにん》がしやすい災害《さいがい》用伝言ダイヤルなどの使い方を確認しておく。または、ラインやスカイプをはじめとした音声通話アプリなどを家族全員で利用できるようにしておいて、万が一、電話が使えなくなっても、Wi-Fi《ワイファイ》が使えれば家族と話せるようにしておくといった事前準備《じゅんび》をしておくべきです。

いざという時にあわてないためには、しっかりとした事前準備が大切なのです。

もちろん、防災《ぼうさい》グッズの中に、スマートフォンなどの充電《じゅうでん》に使える充電池・乾電池《かんでんち》で使える充電器などもしっかりと準備しておくことも大事です。スマートフォンの使い方をマスターしても、電源《でんげん》がなくなったら、使えないからです。

各種メディアを総合的《そうごうてき》に活用する

スマートフォンは、持ち歩くことが可能《かのう》なサイズにもかかわらず、最新情報《じょうほう》を収集《しゅうしゅう》したり、逆《ぎゃく》に発信したりすることができる便利なツールです。また、家族や友人とも電話やメールでやりとりをしたりすることで、安否《あんぴ》を確認《かくにん》したり、安心を得《え》たりすることもできます。

しかし、スマートフォンだけに頼《たよ》らない情報発信・情報収集も大切です。

災害《さいがい》発生時または直後に、スマートフォンからSNS《エスエヌエス》へ情報を発信したり、電話をかけ続けたりすることにより、通信回線がパンクしてしまい、命を守るための救急《きゅうきゅう》や警察《けいさつ》、消防《しょうぼう》などへの連絡《れんらく》を妨《さまた》げてしまうことになるからです。それを避《さ》けるためにも、災害発生時または直後には、必要最低《さいてい》限《げん》の情報のやりとりが可能な、災害用伝言ダイヤルなどを活用しましょう。

また、今どこで何が起こっているのか、起こりつつあるのかという広い範囲《はんい》での情報や、生活に直結した食料配給などの身近な範囲の情報などを入手することは重要です。そのためには、スマートフォンだけではなく、テレビや地元のラジオ、避難所《ひなんじょ》の掲示板《けいじばん》などからできるだけ幅広《はばひろ》く情報収集し、総合的《そうごうてき》に判断《はんだん》できるようにすることも大切です。

さくいん

数字・アルファベット

あ

か

さ

た

な

は

ま

ら・わ

●監修

池上 彰（いけがみ あきら）

1950 年長野県生まれ。1973 年 NHK に記者として入局。松江、呉での勤務の後、東京の報道局社会部記者。事件、事故、気象、災害、教育、消費者問題等を取材。1994 年から 11 年間、NHK の「週刊こどもニュース」のキャスターとして、大人の世界のニュースを、小学生にもわかるように伝える番組の責任者を務める。

2005 年に NHK を辞めて独立、現在はフリージャーナリストとして、世界各地を取材し、執筆の傍ら各種メディアにも出演している。主な著書に、『そうだったのか！現代史』（集英社）、『伝える力』（PHP 研究所）、監修に『池上彰の新聞活用大事典』『池上彰のみんなで考えよう 18 歳からの選挙』『池上彰と考えるフェイクニュースの見破り方』（いずれも全 4 巻、文溪堂）他多数。

●装丁

村口敬太（Linon）

●本文デザイン・DTP

有限会社オズプランニング

●イラスト

有限会社オズプランニング・酒井由香里

●写真提供

カバー・表紙　右上：Ben Weller ／アフロ
　　　　　　　中央：読売新聞／アフロ

本扉：PIXTA

本文：6（左）ページ　毎日新聞社／アフロ
　　　6（右）・7・14・22・25・27・35 ページ　読売新聞／アフロ
　　　12 ページ　AP ／アフロ
　　　29 ページ　（左上）DIGITAL GLOBE ／ Science Photo Library ／アフロ
　　　　　　　　（右下）アフロ

●編集協力

図書印刷株式会社／
有限会社オズプランニング・大野貴之

ISBN 978-4-7999-0393-3 NDC361 48p 293 × 215mm

池上彰と考える

災害《さいがい》とメディア

4 復興《ふっこう》のためのメディア情報《じょうほう》

2021 年 3 月　初版第 1 刷発行

発行者　水谷 泰三

監　修　池上 彰

発行所　株式会社**文溪堂**

〒 112-8635　東京都文京区大塚 3-16-12

TEL　営業　(03) 5976-1515　　編集　(03) 5976-1511

ホームページ　https://www.bunkei.co.jp

印刷・製本　図書印刷株式会社

災害から命を守るための情報
どこからとる？ どう生かす？

池上彰と考える

災害とメディア

（全４巻）

年々巨大化する台風、いつおそいかかってくるかわからない地震・津波、日本各地に散らばる火山も噴火の危険を抱えている。さらには、感染症によるパンデミック…とわたしたちの暮らしをおびやかす災害は、いたるところにあり、それらを完全に防ぐことはできない。

・発生前、発生中、発生後と、様々な段階での的確な情報の取り方を、ラジオ、テレビ、インターネット、SNS 等といった、いろいろなメディアの特徴と関連づけて、子どもたちにもわかりやすく解説。

・災害の発生は防げないが、適切な情報を取得・活用することで、自分の命を守ることができる…と情報と「減災」との結びつきを具体的な例を挙げて、資料や写真等も使いながら解説。

・子どもたちにもなじみが深いスマートフォンの災害時での活用を、その利便性だけでなく、脆弱性などの問題点もふくめて解説し、スマートフォンに頼りすぎる危険性も子どもたちに知らせた内容。

・子どもたちが「災害」という緊急時でもきちんと情報の取捨選択をし、自分の命を守れるようになる、「災害」を軸にしたメディアリテラシーの本。

・各巻の巻頭に、監修者・池上彰氏によるわかりやすい解説つき。

監修：池上　彰

各巻構成

A４変判
各 48 ページ
NDC361
（社会）

1　災害情報とメディアの特徴
2　防災・減災のための災害予測
3　災害から命を守る情報収集
4　復興のためのメディア情報